Reinhard Körner

Was ist inneres Beten?

VIER-TÜRME-VERLAG MÜNSTERSCHWARZACH
1999

Die Deutsche Bibliothek – CIP-Einheitsaufnahme

Körner, Reinhard:
Was ist inneres Beten? / Reinhard Körner. – 1. Aufl. –
Münsterschwarzach :
Vier-Türme-Verl., 1999
   (Münsterschwarzacher Kleinschriften ; Bd. 116)
   ISBN 3-87868-616-1)

1. Auflage 1999
Gesamtherstellung: Vier-Türme GmbH, D-97359 Münsterschwarzach Abtei
© by Vier-Türme-Verlag, Münsterschwarzach Abtei
ISSN 0171-6360
ISBN 3-87868-616-1

Inhalt

Vorwort

Worum es in diesem Büchlein geht

Wer sich heute mit Fragen des geistlichen Lebens beschäftigt, entsprechende Literatur liest oder an Kursen zu Themen der christlichen Spiritualität teilnimmt, wird über kurz oder lang auf das Stichwort „inneres Beten" stoßen. In dem Orden, dem ich angehöre, wird es besonders häufig gebraucht; schon seit dem 16. Jahrhundert spielt es im Lebensalltag der Karmelitinnen und Karmeliten eine zentrale Rolle. Würden Sie jedoch in unseren Klöstern nach seiner *Bedeutung* fragen, kann es Ihnen passieren, daß Sie recht unterschiedliche Antworten bekommen. Ähnlich wird es Ihnen gehen, wenn Sie bei Exerzitienbegleitern oder in der spirituellen Seelsorge Tätigen Auskunft erbitten, und nicht viel anders, wenn Sie sich in die geistliche Literatur vertiefen und nun darin nach einer klärenden Antwort suchen. Selbst der Blick in theologische Lexika, in Katechismen oder in Kompendien zur Gebetslehre und zum geistlichen Leben wird Sie in Ihrem Bemühen, definitive Klarheit zu erhalten, unbefriedigt lassen.

„*Inneres Beten*" – ein Wort, über dessen genaue Bedeutung man sich nicht so recht einig zu sein scheint, das im religiösen Sprachgebrauch zumindest uneinheitlich verstanden und verwendet wird. Und dennoch: ein Wort mit attraktiver Kraft. Christen aus beiden großen Konfessionen fühlen sich von ihm angezogen, unter ihnen auch geistlich Suchende, die ihrer Kirche eher fern stehen. Das erlebe ich persönlich in den Exerzitienkursen zur Einübung ins innere Beten, die ich seit 1990 jährlich um die fünfzehnmal anbiete.

Das Interesse daran ist anhaltend. Die Zahl der Teilnehmer – sie kommen aus allen Kreisen, in denen die christliche Spiritualität heute Interesse findet – wächst von Jahr zu Jahr. Die meisten von ihnen wissen zu Beginn der Kurse mit dem Begriff nicht allzu viel anzufangen, sie wissen aber: Es muß sich um etwas Wichtiges, sehr Wesentliches handeln, um etwas „Innerliches" eben, das jenseits des Lauten und Oberflächlichen in Kirche und Gesellschaft in die „Tiefe" führt.

In diesem Büchlein möchte ich der Frage nachgehen, woher das Wort „inneres Beten" kommt, was man im Laufe der Geschichte des Christentums darunter verstanden hat und was es denn nun eigentlich bedeutet. Es geht hier also um die zunächst rein formale Frage: *„inneres Beten" – was ist das?*, was ist mit diesem „Fachausdruck" der christlichen Spiritualität gemeint? – Zugegeben: ein recht „theoretisch" angelegtes Thema. Aber ich denke, eine solche *Begriffsklärung* ist heute dringend nötig, soll der große Schatz an geistlicher Erfahrung, der sich mit dem jahrhundertealten Wort verbindet, auch für unsere Zeit gehoben werden. Das ist mir im Laufe der Jahre zunehmend bewußt geworden, und was ich mir dann selbst dazu erarbeitet habe, möchte ich hier weitergeben. Dabei soll zugleich *die wichtigste Literatur* zur Sprache kommen, die die geistliche Tradition zum inneren Beten hervorgebracht hat. – Ich wende mich mit einer so akzentuierten Thematik freilich zuerst an Theologen, an Exerzitienleiter und an Kolleginnen und Kollegen, die in den verschiedensten Formen der geistlichen Begleitung tätig sind. Dennoch habe ich mich bemüht, nicht allzu sehr im „theologischen Fachjargon" zu schreiben, so daß jeder am inneren Beten interessierte Leser Anregungen – nicht nur formaler, sondern auch wesentlich-inhaltlicher Art – finden kann, die ihm helfen, das einzuüben und zu vertiefen, was mit „innerem Beten" gemeint ist. – „Alles, was groß ist in der Religion, ist auch einfach ...", sagt Madame Guyon, die uns auf unserem Gang durch die geistliche Tradition begegnen wird. Inneres Beten ist in der Tat kein Kunststück; jeder kann es praktizieren. Vielleicht aber muß gerade das Einfache, Natürliche erst gelernt werden ... Das 3. Kapitel, das dem theoretischen Hauptteil folgt, will dazu eine (wenn auch kurze) *praktische Anleitung* geben, ebenso die kleine *Textauswahl* im 4. Kapitel.

Inneres Beten – das wird auf den folgenden Seiten deutlich werden – ist kein Randthema des christlichen Glaubens, auch nicht eine Angelegenheit allein für die „geistliche Elite" in der Kirche (die es ja ohnehin nicht gibt). Es geht hier um das, was glauben (klein geschrieben!) erst zum *glauben*, oder wie Hans Urs von Balthasar gesagt hat: zum „Ernstfall" des Glaubens, also zur *christlichen Art, Mensch zu sein* macht – und zwar von seiner „Innen"-Seite her, auf die Jesus selbst so sehr Wert gelegt hat.

Karmel Birkenwerder, im September 1998

Reinhard Körner OCD

1. Ein kurzer Gang durch die Begriffsgeschichte

„Inneres Beten" – was ist das? Die Hamburger Hispanistin Erika Lorenz, die sich als eine von wenigen Autoren der Gegenwart um eine inhaltliche Klärung dieses alten und doch gerade heute für viele Menschen so anziehenden Wortes bemüht hat, muß feststellen:

> „Ob man nun sagt das 'innere' oder das 'innerliche' Gebet – es hat eine Bedeutungsbreite und -weite, die nicht gleich erkennen läßt, was gemeint ist."[1]

Um hier Klarheit zu bekommen, bleibt uns nur der Weg, in die geistliche Tradition zurückzuschauen und der *Begriffsgeschichte* dieses Wortes nachzugehen. Ein mühevoller Weg freilich, für mich wie für den Leser! Denn auch dabei wird sich eine „Bedeutungsbreite und -weite" zeigen, die zunächst verwirren mag. Doch die Mühe wird sich lohnen. – Wie gesagt: Es handelt sich um einen (kurzen) Gang durch die Begriffsgeschichte; die Geschichte des inneren Betens selbst ist natürlich viel weiter und umfassender als der Begriff, sie ist wohl so alt wie die jüdisch-christliche Glaubenstradition, ja wie die Religionsgeschichte der Menschheit überhaupt ...

a) Von den Vätertheologen bis zum Mittelalter

Unser deutsches Wort „inneres Beten" – englisch: „inner prayer" – ist die Übertragung des lateinischen Begriffs „oratio mentalis". Die Spanische Mystik gibt ihn entsprechend mit „oración mental", die Französische Schule mit „oraison mentale" wieder. Wann und von wem er geprägt wurde, bleibt bis heute das Geheimnis der Geschichte.

Vermutlich älterer Herkunft ist der Begriff „oratio vocalis", der häufig im Zusammenhang mit dem inneren Beten gebraucht und in der deutschen Übertragung „mündliches Gebet" genannt wird. Spätestens *Thomas von Aquin* (1225 – 1274) benutzt ihn ausdrücklich. Er versteht darunter das mit laut oder still gesprochenen Worten verrichtete Beten, namentlich das gemeinsame („oratio communis"), aber auch das persönliche Gebet des einzelnen („oratio singularis").[2] – Der Ausdruck „oratio mentalis" fällt in der theologischen Reflexion über das Beten bei Thomas nicht, wohl aber die Vokabel „mens", das substantivische Stammwort zu „mentalis". So betont Thomas, das mündliche Gebet, ob vom einzelnen allein oder in Gemeinschaft gesprochen, müsse immer mit

> „innerer Andacht, bei der sich der Geist (mens!) des Beters zu Gott erhebt (interiorem devotionem, qua mens orantis elevetur in Deum)",

verrichtet werden.[3]

Ähnliche Aussagen finden sich reichlich bereits in vielen Schriften der *Vätertheologen* der frühchristlichen Jahrhunderte. Wie Thomas sprechen diejenigen lateinischen Väter, die das Gebet thematisieren, von der „Erhebung ..." oder „Hinwendung des Geistes zu Gott", und auch sie benutzen dabei die Vokabel „mens" („elevatio mentis in Deum", „intentio mentis ad Deum" u. ä.).[4] „Mens" steht im Sprachempfinden der Lateiner für Denkkraft, Verstand, vernunftbegabter Geist, Bewußtsein, aber auch für Herz, Seele, Gemüt, Wille und Leidenschaft, also für das „Innere" der menschlichen Person überhaupt, für ihr Geistes- und Seelenvermögen; unter dem Eigennamen „Mens" verehrt man im Römischen Reich gar die „Gottheit der Besinnungskraft". – Die ausdrückliche Formulierung „oratio mentalis" suchen wir allerdings bei den Vätertheologen noch vergebens.

Das große Standardwerk zu Fragen der christlichen Spiritualität, das französische „Dictionnaire de Spiritualité", weist in einem einschlägigen, für unsere Suche nach Begriffsklarheit im ganzen leider nicht sehr ergiebigen Artikel[5], auf 1 Kor 14, 15 hin. Dort hält *Paulus* den Korinthern, die wohl zu sehr auf die Glossolalie, das Beten „im Geist" fixiert sind, entgegen:

> „Ich will beten im Geist (tô pneumati), aber ich will auch beten mit Verstand/Bewußtsein (tô noi); ich will Psalmen singen im Geist (tô pneumati), aber ich will auch Psalmen singen mit Verstand/Bewußtsein (tô noi)."

Die Vulgata, die von Hieronymus († um 420) verantwortete und für die Kirche des Westens über die Jahrhunderte hin maßgebende lateinische Übersetzung der Bibel, gibt diesen Vers ebenfalls unter Benutzung der Vokabel „mens" wieder: „Orabo spiritu, orabo et mente: psallam spiritu, psallam et mente." Daß die lateinischen Theologen bis hin zu den Scholastikern des Mittelalters in ihrer Gebetslehre auch von dieser Schriftstelle her inspiriert waren, kann zumindest nicht ausgeschlossen werden.

So liegt es nahe, im Gebrauch des Wortes „mens" bei den Vätertheologen bis hin zu Thomas von Aquin den geschichtlichen Ursprung des Begriffs „oratio mentalis" zu sehen. Dann aber wäre festzuhalten: Von diesem Ursprung her meint „inneres / mentales Beten" nicht einen Gegensatz zum (laut oder still) gesprochenen Gebet mit Worten, zum „mündlichen / vokalen Beten" also. Der Terminus „oratio mentalis / inneres Beten" benennt vielmehr *den Grundakt und das Wesen des christlichen Betens überhaupt: die bewußte Hinwendung einer menschlichen Person zum verborgen gegenwärtigen Gott* – sei es ein Gebet nun mit oder ohne Worte, sei es gemeinsam oder allein, liturgisch oder „privat", münd-lich oder in-wendig vollzogen. Dies wäre die *erste Bedeutung* des Wortes „inneres Beten", die uns auf unserem Gang durch die Begriffsgeschichte begegnet.

Was in diesem Sinne mit „innerem Beten" gemeint ist, wurde immer schon in der Kirche gelebt und gepflegt und hat in der geistlichen Literatur von der Frühzeit an entsprechenden Niederschlag gefunden, wenn auch der Begriff selbst erst später auftaucht. Meines Wissens kommt er im Schrifttum zum ersten Mal – in seiner lateinischen Originalform – bei *David von Augsburg* (1200 – 1272) vor[6], einem Zeitgenossen des Thomas von Aquin. Doch der Franziskaner scheint ihn bereits aus einer Tradition übernommen zu haben, die mindestens einige Jahrzehnte, also bis in die Mitte des 12. Jahrhunderts, zurück reicht. Der Ausdruck „oratio mentalis" muß damals wohl in den Mönchsklöstern – vor allem der Kartäuser und Benediktiner – allmählich in Gebrauch gekommen sein.
Die Kartäuser und die Benediktiner waren es auch, die dann bis ins 16. Jahrhundert hinein im Geist eines so verstandenen inneren Betens zur spirituellen Erneuerung der Kirche vor allem in Frankreich, Italien und Spanien beigetragen haben. In den Niederlanden und in Deutschland haben besonders die „Brüder des gemeinsamen

14

Lebens", die Augustinerchorherren und die zu Beginn des 13. Jahrhunderts entstehenden Orden der Franziskaner und Dominikaner in demselben Geiste gewirkt.[7]

Im späten 14. Jahrhundert jedenfalls begegnet uns das Wortpaar „inneres Beten" und „mündliches Beten" bereits wie selbstverständlich bei verschiedensten geistlichen Autoren in der damaligen Christenheit. Eines der wertvollsten Zeugnisse aus dieser Zeit findet sich in dem 1378 niedergeschriebenen „Dialogo" der Dominikanerterziarin *Caterina von Siena* (1347 – 1380)[8], einer der drei Frauen – neben Teresa von Avila und Therese von Lisieux –, die von Päpsten unseres 20. Jahrhunderts den Titel „Kirchenlehrerin" verliehen bekommen haben. Caterina läßt in ihrem Buch, ganz im Sinne des bisher gefundenen Bedeutungsgehalts, Jesus Christus sagen, die „Seele" müsse

„das mündliche Gebet pflegen ..., aber nicht ohne gleichzeitig nach dem inneren (Gebet) zu streben. Während sie betet, soll sie den Geist zu mir erheben und auf meine Liebe hinrichten ..."[9]

Nur so würde

„ihr mündliches Gebet ihr nützlich und Mir (Christus) wohlgefällig sein, und sie wird vom unvollkommenen mündlichen Gebet durch beharrliche Anstrengung zum vollkommenen inneren (Gebet) gelangen."[10]

Inneres Gebet („orazion mentale") ist für Caterina gleichbedeutend mit dem „vollkommenen" Beten, auch sie bezeichnet mit diesem Wort also den Grundakt des Betens überhaupt. *Es steht nicht für eine eigene Gebetsform neben der des mündlichen Betens, sondern meint das, was alle „Zungengebete"[11] erst wirklich zum Beten macht.* In einem Nebensatz deutet Caterina an, daß das

Begriffspaar im religiösen Sprachgebrauch ihrer Zeit jedoch durchaus nicht immer eindeutig und einheitlich verwendet wird. Sie bietet deshalb mit einem dritten Begriff, der in der geistlichen Tradition seit Johannes Cassian († um 430) – rückgreifend auf das Pauluswort: „Betet ohne Unterlaß!" (1 Thess 5, 17) – gebräuchlich ist, einen Weg der sprachlichen Klärung an:

> „Da freilich das mündliche und das innere Gebet sich auf mancherlei Art (!) verstehen läßt, habe Ich dir gesagt, daß schon das heilige Verlangen nach einem guten und heiligen Willen ein immerwährendes Gebet ist (...), denn das akthafte Beten geschieht in der Liebe. Und die Liebe ist fortwährendes Gebet."[12]

Die Uneinheitlichkeit im Begriffsverständnis wird uns auch aus einem anderen Zeugnis desselben Jahrhunderts deutlich. Der englische Theologe *John Wyclif* (um 1320 – 1384) bezeichnet mit „oratio mentalis" – und das wäre eine *zweite Bedeutung,* auf die wir bei unserem Gang durch die Geschichte stoßen – *die stille, wortlose Hinwendung des einzelnen zu Gott,* und zwar *im Unterschied zur „oratio vocalis", dem formulierten, also worthaften Gebet.* Wyclif fügt als dritten Begriff die „oratio vitalis" hinzu, worunter er das als Gebet gelebte Leben selbst versteht, das er für wichtiger als die oratio vocalis und die oratio mentalis hält.[13] Gewiß wollte er mit letzterem nicht sagen – wie man ihm lange unterstellte –, daß es ausreiche, die Arbeit und die Anforderungen des Lebensalltags als Gebet zu betrachten, sondern vielmehr, daß es darauf ankommt, die innere Gemeinschaft mit Gott auch außerhalb der Gebetszeiten zu verwirklichen; „oratio vitalis" ist hier wohl im Sinne des o. g. „immerwährenden Betens" zu verstehen.

b) In der Deutschen Mystik

Das Entstehen von Nonnenklöstern und ihre zunehmende Verbreitung im 13. und 14. Jahrhundert machten bei den Patres, den „gelehrten Brüdern" des jeweiligen Ordens, die nun für die theologische und spirituelle Unterweisung ihrer Schwestern Sorge zu tragen hatten, immer mehr den Gebrauch der Volkssprache anstelle des Lateins notwendig. So entsteht in dieser Zeit – zusammen mit Texten der Frauenmystik selbst – erstmalig ein deutschsprachiges geistliches Schrifttum. Besonders die Dominikaner Meister Eckhart, Johannes Tauler und Heinrich Seuse, das große „Dreigestirn" der Deutschen Mystik, haben uns ein reichhaltiges Werk hinterlassen, das die christliche Gebetstheologie ins Deutsche „übersetzte" und dabei kreativ weiterentwickelte.

Unter ihnen ist es vor allem *Johannes Tauler* (um 1300 – 1361), der ausdrücklich vom inneren Beten spricht; hier taucht der Begriff meiner Kenntnis nach zum ersten Mal in der deutschsprachigen Literatur auf. Mehrere seiner Ansprachen, unserer heute gebräuchlichen Zählung nach besonders die Predigten Nr. 15a, 24, 39, 62 und 66[14], sind diesem Thema gewidmet.[15] Entsprechend seiner von Meister Eckhart übernommenen Anthropologie, nach der sich das Leben des Menschen immer im Spannungsverhältnis von „Innerlichkeit" und „Äußerlichkeit" vollzieht, unterscheidet Tauler ein „inwendiges gebette (inneres Gebet)" und ein „ussewendiges gebette (äußeres Gebet)". Ersteres nennt er auch das „wahre Gebet" oder das „Gebet des Geistes", letzteres auch das „Gebet des Mundes", unter das er – wie Thomas unter die „oratio vocalis" – die (laut oder leise) gesprochenen Gebete faßt, darüber hinaus aber auch das „Sich-(vor-Gott-)Niederwerfen, Fasten und dergleichen guter Frömmigkeitsübungen mehr"[16]. In welchem Verhältnis das eine zum anderen steht, macht er recht anschaulich in Bildern klar:

> „So wie mein Mantel und meine Kleider nicht ich selbst sind, mir aber dienen, so dienet (auch) alles Gebet des Mundes; es führt (nämlich) zuweilen zum wahren Gebet, ist es aber selbst nicht";[17]

oder:

> „Mit und in diesem äußeren Gebet richte deinen Geist in die Höhe und in die innere Öde (...); sonst ist jegliches Gebet des Mundes wie Spreu und Stroh gegen edlen Weizen, wie (denn) Christus sprach: ‚Die wahren Anbeter beten an im Geist und in der Wahrheit.' In diesem innerlichen Gebet werden alle die Übungen vollbracht, Werk und Weisen, die von Adams Zeiten dargebracht worden sind ..."[18]

Den „Geist" in dem hier zitierten Jesuswort aus Joh 4, 23 versteht Tauler fälschlicher- aber bezeichnenderweise nicht wie die Vulgata als „spiritus" (entsprechend dem „pneuma" im griechischen Original), also nicht als Geist Gottes, sondern als den Geist des Menschen im Sinne des lateinischen „mens" (!).[19] Und ganz im Sinne des hl. Thomas und der Vätertradition beschreibt er das innere Beten als „Erhebung des Geistes zu Gott":

> „... dabei muß Geist und Gemüt sich unmittelbar zu Gott erheben: dies allein ist das Wesen des wahren Gebetes und nichts anderes."[20]

Der Terminus „inneres Gebet" bezeichnet also auch bei Tauler *den Grundakt und das Wesen des Betens überhaupt (in der o. g. ersten Bedeutung)*, durch den das „äußere Gebet" erst zum

„wahren Gebet" wird. So kann der Prediger den Rat erteilen:

> „Ist diese Vereinigung deinem äußeren Gebet nicht zuwider und hindert dich dein äußeres Gebet an jener Vereinigung nicht, so tu es kühnlich; zwei Arten (zu beten) sind besser als eine."[21]

c) In der Spanischen Mystik

In der spanischen Literatur findet das Stichwort „oración mental" die erste ausdrückliche Erwähnung im „Tercer Abecedario Espiritual" des Franziskaners *Francisco de Osuna* († um 1542). Das 1527 erschienene, sehr umfangreiche Werk[22] ist eine im volksmissionarischen Geist verfaßte Anleitung zum geistlichen Leben, inspiriert von der Vätertradition und der zu dieser Zeit in Spanien von Theologen wie dem Benediktinerabt Garcia de Cisneros († 1510) rezipierten deutsch-flämischen Frömmigkeitsbewegung (Devotio moderna). Es erreichte schnell zahlreiche Auflagen und wurde „zum geistlichen Bestseller des 16. Jahrhunderts in Spanien" (Erika Lorenz[23]). Ein zeitgenössischer Historiker schreibt über dieses Buch und die zahlreichen Plagiate, die seinen Inhalt verbreiteten:

> „Die Dienstmädchen haben die Bücher mit der Anleitung zum Beten unter dem Arm; die Obst- und Gemüseverkäuferinnen lasen sie, wenn sie ihre Waren verkauften und abwogen."[24]

Aber auch die Großen der Spanischen Mystik dieser Zeit, die Franziskaner Pedro de Alcántara, Bernardino de Laredo, Martino de Lilio, der Dominikaner Luis de Granada, Jesuiten wie Balthasar Alvarez und Antonio Cordeses und nicht zuletzt die Karmeliten Teresa von Avila und Johannes vom Kreuz empfangen von Francisco de Osuna entscheidende Impulse. – Für unsere Fragestellung nach inhaltlicher Abklärung des Begriffs „inneres Beten" ist vor allem von Bedeutung, daß der Autor von drei „Arten", d. h. von *drei unterschiedlichen Formen des Betens* spricht; er nennt sie das „mündliche Gebet (oración vocal)", das „Gebet des Herzens (oración del corazón)" und das „innere oder geistliche Gebet (oración mental o espiritual)".[25] Bei letzterem, so schreibt er,

> „(erhebt) sich unser höchster Seelenteil in der reinsten und liebevollsten Weise zu Gott, getragen von den Flügeln des Sehnens und des in Liebe erstarkten Empfindens; je größer dabei die Liebe ist, um so weniger Worte bedarf sie, und diese wenigen werden verstehender und wesentlicher sein."[26]

Im Vergleich mit seiner Beschreibung der beiden anderen Gebetsformen wird deutlich, wie er dieses „innere Beten" verstanden wissen möchte: Das „mündliche Beten" meint hier im engeren Sinne „das Stundengebet oder andere Gebete, die unser Mund zur Ehre des Herrn spricht"[27]. Der Ausdruck „Gebet des Herzens" steht für die Meditation des Wortes Gottes und der Glaubensgeheimnisse, also für die Betrachtung im Sinne des gedanklichen und einfühlenden Erwägens; in einer Zeit, in der man – wie Friedrich Wulf in einem Artikel von 1953 dargestellt hat (s. S. 27f.) – in den monastischen Klöstern darüber diskutiert, ob die Betrachtung an sich schon Gebet sei oder das eigentliche Beten nur vorbereite, betont Francisco de Osuna: „... es ist klar, daß wir es Beten nennen, wenn jemand meditiert und an die heilige Passion denkt."[28] Das „innere Beten" dagegen geschieht

„innen in unseren Herzen, ohne daß der Mund Worte formuliert, nur unser Herz spricht mit dem Herrn, und in unserem Innern bitten wir ihn um alles, was wir benötigen. So reden wir mit dem Herrn allein und wie im Verborgenen, wo niemand uns hören kann ...“[29]

Der Terminus „inneres Beten“ bezeichnet bei Francisco de Osuna also nicht den Grundakt des Betens – dieser wird mit Selbstverständlichkeit bei allen drei Gebetsweisen vorausgesetzt! –, aber auch nicht einfachhin, wie freilich erst aus dem Gesamtkontext seiner Schrift hervorgeht, das stille, wortlose Beten des einzelnen. Es begegnet uns hier vielmehr eine *dritte Bedeutung* auf dem Weg durch die Begriffsgeschichte: Inneres Beten geschieht dort, wo *an die Stelle der mündlichen oder stillen Worte und an die Stelle des diskursiven Erwägens oder der bildhaften Vorstellung (Meditation) die Liebe und das zu Gott hin erwachte Sehnen des Herzens tritt*. Erika Lorenz hat Franciscos „inneres Beten“ daher zu Recht das „kontemplative Gebet der Liebe“[30] genannt: einen „Austausch der Liebe“, bei dem

„der in schweigende Kontemplation versenkte Mensch in seiner Tiefe die Bewegung des Heiligen Geistes verspürt, des Geistes Christi, der in uns betet.“[31]

Francisco de Osuna selbst ordnet entsprechend „die drei Arten ... den drei Stufen der Anfänger, der Fortgeschrittenen und der schon fast Vollendeten“[32] – das „geistliche oder innere Gebet“ also den letzteren – zu, wobei er betont, daß solche „Gebetsstufen“ sich abwechselnd in jedem Menschen und in allen Stadien seiner Entwicklung finden können.[33]

Teresa von Avila (1515 – 1582) hat das „Tercer Abecedario“ als junge Karmelitin in die Hände bekommen und es in ihrer Autobiographie „mein Lehrmeister"[34] genannt; etwa dreihundert Markierungen in der von ihr benutzten Erstausgabe zeugen von ihrer intensiven Auseinandersetzung mit diesem Werk. Sie nimmt die Gedanken des Franziskaners nicht nur auf; sie führt sie, auch bezüglich der Terminologie, zu größerer Klarheit. Aus der eigenen Erfahrung weiß die um Ehrlichkeit bemühte Beterin, was verallgemeinernd schreibende Theologen wie Francisco de Osuna leicht übersehen: wie schnell das „mündliche Gebet" (im klösterlichen Tageslauf vor allem das Chorgebet) zum bloßen „rezar", zum Rezitieren und Verrichten werden kann! Und dies nicht nur aufgrund mangelnder Andacht und Aufmerksamkeit, sondern ebenso aufgrund eines Gottesbildes, das (auch) zu ihrer Zeit viele Menschen in sich verinnerlicht hatten: das Bild des „Vollkommenheit" fordernden Leistungsgottes. Rückblickend muß sie, die sich zeitlebens unvollkommen wußte, von sich selbst bekennen:

> „... da ich mich so verkommen sah, hielt ich es für besser, mit der großen Masse zu gehen ... und bloß noch auf mündliche Weise (vocalmente) das zu verrichten (rezar), wozu ich verpflichtet war."[35]

Und „verrichten / rezar" hat hier, wie fast immer in ihren Schriften, den unverkennbar negativen Sinn rein äußerlicher Erledigung und Pflichterfüllung. – Das damals vielgebrauchte Wort vom „inneren Beten" bekommt daher auf dem Hintergrund dieser Erfahrung für Teresa einen anderen, grundlegenderen Bedeutungsinhalt:

> „Wenn ich mündlich bete und mir dabei voll bewußt bin, daß ich mit Gott spreche und darauf mehr innere Aufmerksamkeit richte als auf das Wort selbst, so ist das zugleich mündliches und inneres Gebet."[36]

„Inneres Beten" bezeichnet also ein „Tun" des menschlichen Geistes, das *jeder Form des Betens eigen* sein muß, ganz gleich, ob es lautlos oder mit dem Munde geschieht.

> „Wißt, Töchter, daß sich das innere Gebet nicht dadurch vom mündlichen unterscheidet, daß ihr den Mund schließt",[37]

schreibt sie ihren Schwestern und erklärt anhand des wohl am häufigsten gesprochenen Gebetes der Christenheit, dem Vaterunser – an einem „mündlichen Gebet" also –, was ihrer Auffassung nach „inneres Beten" meint:

> „Bedenkt also, wenn ihr vor den Herrn tretet, wer der ist, zu dem ihr sprechen wollt oder zu dem ihr sprecht. Auf ihn allein muß all meine Aufmerksamkeit gerichtet sein. Das ist inneres Gebet, meine Töchter, versteht es doch bitte."[38]

Im gleichen Zusammenhang wiederholt sie:

> „Inneres Beten heißt, das sagte ich euch schon, darüber nachdenken und sich bewußtmachen, was wir beten, mit wem wir sprechen und wer wir sind, die wir es wagen, uns einem so großen Herrn zu nähern ... Ein Vaterunser oder Ave Maria oder sonst irgendein anderes beliebiges Gebet sprechen, nannten wir mündliches Gebet. Nun seht, was für eine miserable Musik wäre das mündliche Gebet, wenn ihm das innere Beten fehlen würde!"[39]

Auch die Zuordnung des inneren Betens zu einer bestimmten (kontemplativen) Gebetsstufe läßt sie nicht ohne weiteres gelten:

> „Jetzt könnt ihr euch gut klarmachen, worin der Unterschied zwischen der Kontemplation und dem inneren Beten besteht ... Stellt euch darunter nicht so etwas wie eine schwere Fremdsprache vor, und laßt euch vor dem Namen nicht erschrecken! ... Beim mündli-

chen und inneren Beten können wir selber etwas tun – mit der Hilfe Gottes freilich –, in der Kontemplation, von der ich nun spreche, dagegen gar nichts: Hier tut alles Seine Majestät. Die Kontemplation ist ganz und gar sein Werk, sie übersteigt alle Fähigkeiten unserer Natur."[40]

„Inneres Beten" bezeichnet also bei Teresa von Avila *den Anteil, den der Mensch in der Hinwendung zu Gott leistet*, gleich, auf welcher „Stufe" er sich vor ihm befindet; und auch die Kontemplation – ähnlich wird dies Johannes vom Kreuz herausarbeiten – gehört nicht einer „Stufe" an, sondern meint den Anteil im Umgang zwischen Gott und Mensch, den Gott selber wirkt, ganz gleich, welcher Form des Betens sich dabei der Mensch bedient. Erika Lorenz faßt zusammen:

„Das innere Gebet ist (sc. bei Teresa) also keine Gebetsstufe, sondern eine alles Beten begründende und begleitende innere Haltung. Es ist die auf Gott gerichtete Aufmerksamkeit, ein sich seine Gegenwart Bewußtmachen ..."[41]

So können wir festhalten: Der Begriff „inneres Beten" bekommt bei Teresa gegenüber seinem Bedeutungsgehalt bei Francisco de Osuna und der Innerlichkeitsbewegung im Spanien ihrer Zeit einen neuen, oder besser: den ursprünglichen Sinn; er wird wieder zum *Terminus für den personal-dialogischen Grundakt des Betens überhaupt* (in der o. g. *ersten Bedeutung* also). Dafür geradezu „klassisch" geworden ist Teresas vielzitierte Definition:

„... das innere Gebet ist, so meine ich, nichts anderes als ein freundschaftlicher Umgang, ein häufiges persönliches Umgehen mit dem, von dem wir wissen, daß er uns liebt (que no es otra cosa oración mental, a mi parecer, sino tratar de amistad, estando muchas veces tratando a solas con quien sabemos nos ama).“[42]

Wann immer Teresa von „oración“ (= Gebet / Beten) spricht – aufs Ganze ihrer Schriften gesehen in der Regel ohne weitere Prädikationen bezüglich der konkreten Form, wie „betrachtend“ oder „mündlich“ –, ist das innere Beten, ein *Beten von innen her* also, gemeint. Ulrich Dobhan kommentiert, folgerichtig aktualisierend:

> „In der Unterscheidung zwischen ‚Verrichten von mündlichen Gebeten, zu denen ich verpflichtet war‘ und ‚innerem Beten und dem vertrauten Umgang mit Gott‘ liegt Teresas Aktualität und ihre prophetische Bedeutung für das 21. Jahrhundert.“[43]

Das ausgehende 16. Jahrhundert in Spanien wird nun die ersten monographischen Schriften zum Thema „inneres Beten“ hervorbringen. Die wahrscheinlich früheste stammt aus der Feder des *Jerónimo Gracián* (1545 – 1614), eines Unbeschuhten Karmeliten, der seiner Ordensgründerin Teresa in tiefer Freundschaft verbunden war. Sein erst posthum (1616) veröffentlichter Traktat „La oración mental y sus partes y condiciones“ umfaßt in der (damals leider noch unvollständigen) Erstausgabe seines Gesamtwerkes knapp sechzehn Seiten.[44] In seiner grundsätzlichen Sicht des Betens und des geistlichen Lebens stimmt er, aus Teresas Schriften und aus der Freundschaft mit ihr schöpfend, weitgehend mit der Madre Fundadora überein. Jedoch unterscheidet er im Gebrauch der Terminologie vom formalen Aspekt her stärker zwischen der „oración vocal“ und der „oración mental“, bei der im Gegensatz zur ersteren „der Mund schweigt“ (s. S. 26). Seine ausführlichen Hinweise zur Gestaltung einer persönlichen Gebetszeit, von der Wahl eines ruhigen

Ortes und der Vorbereitung durch die Gewissenserforschung über die Textlesung und die Meditation bis hin zum abschließenden Rückblick, zeigen, daß auch er dabei die Betrachtung unter das innere Beten zählt. Wesentlich für solches Beten und Betrachten ist ihm die „Einstimmung auf Gottes Gegenwart", die er mit dem Stimmen der Instrumente vor einem Konzert vergleicht, bzw. die Vergegenwärtigung Gottes, die auch für alles mündliche Beten Voraussetzung sein müsse:

> „... denn wenn nur der Mund spricht, aber das Herz nicht auf den gerichtet ist, zu dem er spricht, dann ist dies im eigentlichen Sinne kein Beten."[45]

So definiert Pater Gracián:

> „Inneres Beten heißt, daß der Mund schweigt, während das Herz sich Gott im Innern vergegenwärtigt und mit ihm spricht. Das mündliche Gebet empfängt von ihm Geist und Leben."[46]

Die *erste und die zweite Bedeutungsweise*, die wir bisher gefunden hatten, scheinen sich hier zu überschneiden.

In ihren lateinisch verfaßten geistlich-theologischen Abhandlungen entfalten und vertiefen zwei spanische Jesuitentheologen das Gebetsverständnis ihrer Zeit: *Francisco Arias* (1533 – 1605) in seinem erstmals 1588[47] veröffentlichten Traktat „De oratione mentali"[48] und *Juan de Cartagena* (1563 – 1618), der später in den Franziskanerorden wechselte, in seinem 1618 in Venise (Frankreich) und Köln erschienenen Buch „Praxis orationis mentalis". Im Gebrauch der Terminologie nicht immer eindeutig, stellen doch auch sie die Notwendigkeit der „Erhebung des Geistes zu Gott" bzw. der „Vergegenwärtigung Got-

tes" als Wesensmerkmal der „oratio mentalis"
wie des religiösen Lebens in allen seinen Formen
und Stufen überhaupt heraus.

Von besonderem Interesse war zu dieser Zeit,
wie Friedrich Wulf in Erinnerung gebracht hat[49],
das schon kurz angesprochene Verhältnis von
Betrachtung (Meditation) und Gebet. Es wurde
vor allem in den spanischen Provinzen des Jesui-
tenordens thematisiert. Dabei wurde ein Problem
aufgegriffen, das schon seit dem 12. Jahrhundert
in verschiedenen Schriften aus dem Benedikti-
ner- und Kartäuserorden[50] literarischen Niederschlag gefunden hatte. Um verständlich zu machen, daß auch die Betrachtung eine Form des
Betens ist und vom inneren Beten getragen sein
muß, spricht man nun von *zwei Arten des inneren Betens*: dem *„intellektuellen Gebet"* und dem
„affektiven Gebet". Zum ersten Mal findet sich
diese Unterscheidung bei *Antonio Cordeses* (1518
– 1601).[51] Der Jesuit will damit zum Ausdruck
bringen, daß sich das innere Beten sowohl in der
Form des nachdenkenden Erwägens und diskursiven Erschließens mittels des Erkenntnisver-
mögens (intellectus), wie es der Betrachtung eigen
ist, als auch in anderen Formen, in denen mehr
das Empfindungsvermögen des Menschen (die
„affektiven" Seelenkräfte) aktiv ist, vollziehen
kann. – Auf unser Bemühen um Klärung des Be-
griffes „inneres Beten" angewandt, zeigt sich auch
hier, daß der Ausdruck in der *ersten, also ursprünglichen Bedeutung* verstanden wird.
Im Laufe der folgenden Jahrhunderte wurden die
Begriffe „oratio mentalis / inneres Beten" und
„meditatio / Betrachtung" allerdings so stark zu
einer Einheit verschmolzen, daß sie austausch-
bar wurden und man in den Klöstern vieler
Ordensgemeinschaften schließlich nur noch oder

doch vorrangig die im Tageslauf vorgesehenen Zeiten der Betrachtung meinte, wenn man von „innerem Beten" sprach. Dies wäre dann eine *vierte Bedeutung* in der Begriffsgeschichte: *„inneres Beten" als Ausdruck für die Betrachtung bzw. für die konkrete Betrachtungszeit.*

d) In der Französischen Schule

Im 17. und 18. Jahrhundert hat das Thema „inneres Beten" besonders in Frankreich großes Interesse gefunden. Verwiesen sei hier auf die Fülle von Literaturangaben im o. g. einschlägigen Artikel des französischen Standardwerkes der Geistlichen Theologie, des „Dictionnaire de Spiritualité".[52] Verwirrend wie die große Zahl der Autoren, die sich dazu äußern, ist gerade auch in dieser Zeit der unterschiedliche und nicht immer klare Gebrauch des wohl vor allem aus der Spanischen Mystik übernommenen Begriffs.

So stellt zum Beispiel der in der Französischen Schule einflußreiche *Franz von Sales* (1567-1622) die „oraison mentale" als das stille, auch betrachtende Gebet des einzelnen – der *zweiten Bedeutungsweise* also – der durch Formalismus und Routine stets gefährdeten „oraison vocale" gegenüber und nimmt ähnlich wie John Wyclif in seine Dreigliederung die „oraison vitale" auf.[53]

Dagegen betont der Oratorianer *Louis Thomassin* (1619 – 1695) mit den Worten „reines ..." und „geistliches Gebet", die er gleichbedeutend mit dem Begriff „oraison mentale" verwendet, die bewußte Hinwendung des Menschen zu Gott als der „Seele" und der „Quelle" aller Frömmigkeit. Bezüglich des liturgischen Betens, dem sein

„Traité de l'Office divin"[54] vor allem gewidmet ist, schreibt er:

> „Das liturgische Gebet ist eine Verbindung des mündlichen und des geistlichen Gebets, Einführung in dieses und fortwährende Entzündung des Herzensgebetes durch das Wort Gottes."[55]

Weitere aus der École Française bekannte Autoren wie Louis Lallemant, Jacques-Bénigne Bossuet, François La Combe oder Jean-Pierre de Caussade haben uns bis heute durch ihre geistliche Erfahrung und theologische Reflexionsgabe überaus Wertvolles zur Vertiefung des Gebetslebens zu sagen, in unserer Suche nach begrifflicher Klärung aber können sie uns nicht wesentlich weiterhelfen. Dagegen verdient eine Autorin unsere besondere Aufmerksamkeit, deren Apostolat des inneren Betens über Frankreich und weit über den römisch-katholischen Raum hinaus wirksam werden sollte: die als *Madame Guyon* bekannt gewordene, früh verwitwete Ehefrau und Mutter von fünf Kindern, *Jeanne-Marie Guyon* (1648 – 1717). Unter der geistlichen Führung des o. g. Pater La Combe, vertraut geworden mit der mystischen Tradition und im Kontakt mit Christen verschiedener Konfessionen, erkannte sie die dringende Notwendigkeit der Verinnerlichung des Glaubens. Ihre kleine Schrift „Moyen court et très-facile de faire oraison" (Erstveröffentlichung: Grenoble 1685) wurde von vielen Christen in den religiösen Wirren der Zeit als befreiende Wegweisung gelesen; sie geriet jedoch bald – wie zahlreiche andere, bis dahin sehr geschätzte geistliche Werke – infolge der Verurteilung des spanischen Priesters Miguel de Molinos im Jahre 1687 wegen des Verdachts des Quietismus[56] auf den Index. Protestantische

Theologen wie Gottfried Arnold und Gerhard Tersteegen in Deutschland und Peter Poiret im französisch sprechenden Raum nehmen sich der Schriften Madame Guyons an und machen sie im evangelischen Pietismus bekannt. Die erste deutsche Übersetzung des „Moyen court" stammt von Gottfried Arnold und wurde 1701 unter dem Titel „Kurzer und sehr leichter Weg zum Inneren Gebet" veröffentlicht.[57] Es ist Abt Emmanuel Jungclaussen zu verdanken, daß die kleine Schrift dieser „vergessenen Meisterin" nun auch für unsere Zeit und auch für den katholischen Raum in einer vollständigen Übertragung vorliegt.[58] – Entsprechend unserer Fragestellung soll hier nur festgehalten werden, daß Madame Guyon unter innerem Beten

> „nichts anderes als die Hinwendung des Herzens zu Gott, die innere Übung der Liebe"[59]

versteht. Wiederum begegnen wir hier also der *ursprünglichen, ersten Bedeutungsweise* dieses Begriffs. Inneres Beten meint bei Madame Guyon ein Geschehen im Innern des Menschen, das *alle Formen des Betens umfaßt*; und wenn auch „nicht alle das betrachtende Gebet vollziehen können", so sind doch „alle ... geeignet für das Innere Gebet".[60] Aufschlußreich sind die folgenden Sätze, aus denen deutlich wird, daß für sie „inneres Beten" eine Haltung umschreibt, durch die das Leben selbst zum „Gebet", zum „immerwährenden" Umgang mit Gott werden kann:

> „Es geht also darum, ein Beten zu erlernen, das zu jeder Zeit geschehen kann, das von äußeren Beschäftigungen nicht abbringt, das Prinzen, Könige, Prälaten, Priester, Beamte, Soldaten, Kinder, Handwerker, Arbeiter, Hausfrauen und Kranke ausüben können ... Nichts kann das Gebet des Herzens unterbrechen, außer ungeordnete Neigungen."[61]

Es mag verwundern, daß *Therese von Lisieux* (1873 – 1897), die große Tochter Frankreichs und des Karmel, zu unserer Thematik – unter der Fragestellung der *Begriff*sklärung! – zunächst nichts Wesentliches beizusteuern hat. Das hat seinen Grund schlichtweg darin, daß der Terminus „inneres Beten" in ihren Schriften nicht ausdrücklich vorkommt.[62] Wo er da und dort in den deutschsprachigen Ausgaben gebraucht wird, handelt es sich jeweils um die Wiedergabe des französischen „oraison", das Therese ohne ein entsprechendes Adjektiv verwendet.[63] Daß sie jedoch unter „oraison" das versteht, was wir als den *ursprünglichen und ersten Bedeutungsgehalt* des Begriffs „inneres Beten" herausarbeiten konnten, wird an Aussagen wie der folgenden deutlich:

> „Zu dieser Zeit (sc. einige Monate vor der Erstkommunion) hatte mich noch niemand in das innere Gebet eingeführt (le moyen de faire oraison), obwohl ich großes Verlangen danach empfand; doch Marie, der Ansicht, ich sei fromm genug, ließ mich nur meine mündlichen Gebete verrichten (faire que mes prières)."[64]

Wie bei Teresa von Avila stehen hier *Beten* („faire oraison") und *Gebete verrichten* („faire prières") einander gegenüber; und daß auch die „prières", das Chorgebet und andere Gebete der Kommunität, zum inneren Beten werden können und sollen, zeigt ihr Bekenntnis:

> „Für mich ist das Gebet (prière) ein Schwung des Herzens, ein einfacher Blick zum Himmel empor, ein Schrei der Dankbarkeit und der Liebe, aus der Mitte der Prüfung wie aus der Mitte der Freude; kurz, es ist etwas Großes, Übernatürliches, das mir die Seele ausweitet und mich mit Jesus vereint. Ich möch-

te ... nicht, vielgeliebte Mutter, daß Sie glauben, ich verrichte die gemeinsamen Gebete (les prières faites en commun) im Chor oder bei den Einsiedeleien ohne Andacht ..."[65]

Indem Therese so an der geistlichen Intuition Teresas von Avila und der Tradition der betenden Kirche festhält, ist sie geradezu zu einer Kronzeugin für die Personalität des Betens und für die gelebte Gottesbeziehung auf der Grundlage des biblischen Gottes- und Menschenbildes geworden. Das erklärt wohl auch, warum sich in ihren Aufzeichnungen so viele Menschen, „einfache" ebenso wie theologisch gelehrte, spontan wiederfinden oder doch – trotz so mancher hagiographischer Übermalungen ihrer Persönlichkeit – in ihrem „kleinen Weg" einen allgemeingültigen, auch persönlich nachvollziehbaren Weg christlichen Menschseins entdecken können.

e) In der Gegenwart

Mit der „Heiligen des Atomzeitalters" (André Combes) sind wir in unserem kurzen Gang durch die Begriffsgeschichte des Wortes „inneres Beten" wieder in der Gegenwart. Wie schon eingangs gesagt, hält auch unsere Zeit kein eindeutiges, geschweige denn ein einheitliches Begriffsverständnis bereit.

Die erste Hälfte unseres Jahrhunderts brachte – vor allem in Frankreich – ein verstärktes Interesse an Fragen der „Aszetik und Mystik". Die Theologie, auch die deutschsprachige, entdeckte die geistliche Tradition des Christentums. Der Begriff „inneres Beten" aber erscheint in den einschlägigen Veröffentlichungen, aufs Ganze gesehen, kaum oder nur unwesentlich am Rande. Natürlich haben uns dann Romano Guardini, Hugo und Karl Rahner und viele andere einen unschätzbaren Beitrag zur Vertiefung des Gebetslebens geschenkt, aber unsere Frage, was mit dem Begriff „inneres Beten" gemeint sei, haben sie nicht zum Thema gemacht.

Es ist nicht zuletzt dem französischen Karmeliten *Maria-Eugen Grialou* (189 –1967) zu verdanken, daß das traditionsreiche Stichwort und die damit verbundene Gebetslehre wieder in Erinnerung gebracht wurden. Sein in den vierziger Jahren verfaßtes Werk „Je veux voir Dieu", das bald auch in deutscher Übersetzung unter dem Titel „Ich will Gott schauen"[66] Verbreitung fand, stellt sehr umfassend die Spiritualität des Karmel nach Teresa von Avila, Johannes vom Kreuz und Therese von Lisieux dar – freilich nach dem Kenntnisstand der Zeit und beeinflußt vom noch ungeklärten Mystikbegriff der französischen Theologie der dreißiger Jahre – und gibt im wesentlichen das Verständnis Teresas vom inneren Beten wieder.

Im deutschen Sprachraum, auf den ich mich nun beschränken muß, findet das innere Beten ausdrückliche Behandlung erst in zwei Gesamtdarstellungen der christlichen Spiritualität aus dem Jahre 1949, die bis in die Zeit des Zweiten Vatikanischen Konzils zumindest in Seminarien und Ordenskonventen ihre Leserschaft hatten: „Die katholische Frömmigkeit" von *Bernhard Poschmann*[67] und „Die Lehre vom christlichen Vollkommenheitsstreben" von *Karl Feckes*[68]. Beide Theologen verstehen unter „innerem Gebet" *den allen Gebetsformen und -weisen zugrundeliegenden Wesensakt des Betens* und berufen sich dabei vor allem auf die Tradition der Väter und auf Thomas von Aquin; *mündliches und betrachtendes Gebet sind für sie praktisch-konkrete Ausdrucksformen des inneren Betens.* Poschmann faßt zusammen:

> „Das mündliche Gebet hat nach alledem seine Existenzberechtigung nur als Ausdruck und Förderung des inneren Betens. Dieses ist an sich unabhängig von jeder Form und verlangt auch für sich allein eine besondere Pflege."[69]

Feckes zählt zu den Ausdrucksformen des inneren Betens, das er die „die Seele des Betens" nennt und das „zum Wesensausdruck des Menschen gehört und deshalb so alt ist wie der Mensch selbst"[70], neben dem mündlichen und betrachtenden Gebet auch das (affektive) „Herzensgebet". Dazu finden wir bei ihm die einleuchtende Erklärung:

> „Wenn ... Verschiedenheiten oder Einteilungen des innerlichen Gebetes angedeutet werden, so erklärt sich dieser Umstand daraus, daß die Seele des Menschen verschiedene Kräfte ihr eigen nennt und im Verkehr mit Gott einmal diese, ein andermal jene Seelenkraft stärker betätigen kann. Wird der Erkenntnisfähigkeit der Raum eingeräumt, dann nennt man ein solches inneres Gebet ein betrachtendes Gebet. Betätigt sich dagegen vorzüglich die Liebesfähigkeit des Geistes, dann spricht man vom affektiven Herzensgebet."[71]

Zu Beginn der fünfziger Jahre kommt es zu einer kurzen Kontroverse, die nicht unerwähnt bleiben soll. Der Jesuitentheologe *Friedrich Wulf* kommentiert und korrigiert in einem Artikel mit dem Titel „Das innere Gebet (oratio mentalis) und die Betrachtung (meditatio)"[72] eine Untersuchung des Benediktiners Leander Bopp über

„Die oratio mentalis im kirchlichen Gesetzbuch"[73], die dieser 1952 veröffentlicht hatte. Beiden Autoren geht es um das rechte Verhältnis von Betrachtung und Gebet – ein altes Problem, wie wir bei unserem Gang durch die Geschichte gesehen haben, das eigentlich längst theologisch aufgearbeitet war. Wie Friedrich Wulf nachweisen konnte, entzündete sich die erneute Diskussion darüber letztlich aufgrund der Tatsache, daß im allgemeinen kirchlichen Sprachgebrauch der Begriff „oratio mentalis / inneres Beten" weithin noch immer gleichbedeutend mit der „meditatio / Betrachtung" benutzt wurde (entsprechend der vierten Begriffsdeutung). Bereits nach dem Ersten Weltkrieg war sie noch einmal zwischen Henri Bremond und einigen französischen Jesuiten geführt worden. Es soll hier auf diese Kontroverse, die durch P. Leanders Artikel wieder auflebte, nicht näher eingegangen werden. Festzuhalten wäre aber, daß mit der Erwiderung Friedrich Wulfs ein Artikel entstanden ist, der – zumindest unter dem Gesichtspunkt der Begriffsklärung – zu den Perlen der theologischen Literatur über das innere Beten und seine Geschichte gehört und es noch heute wert ist, gelesen zu werden.

Nicht mit der Absicht, terminologische Klarheit zu schaffen, wohl aber mit dem eindeutigen Verständnis des inneren Gebetes als Grundakt des Betens[74] schlechthin, veröffentlichen nach dem Zweiten Vatikanischen Konzil *Erich Puzik* die „Kleine Schule des inneren Betens", die inhaltlich allerdings „auf das freie, innere (betrachtende) Gebet beschränkt sein"[75] will, und der Bibelwissenschaftler *Heinz Schürmann* die Vortragssammlung „Geistliches Tun"[76], die zu den „vier Weisen des inneren Betens" neben dem mündli-

chen und dem betrachtenden Beten das Herzensgebet und das Gebet der Einfachheit zählt.[77] In
der Münsterschwarzacher Reihe „Schriften zur
Kontemplation" erscheint das lesenswerte Büchlein von *Ute Egner-Walter* über das innere Beten
nach Madame Guyon[78], und *Constantin Pohlmann OFM* stellt in „Gott spricht im Schweigen
– Wege zum inneren Gebet"[79] wertvolle Gebets-
und Betrachtungsanregungen besonders aus der
franziskanischen und der ostkirchlichen Tradition vor.

Die Hispanistin *Erika Lorenz*, die mehrere Arbeiten zur Spanischen Mystik veröffentlicht hat
und, wie gesagt, als eine von wenigen im deutschen Sprachraum der Bedeutung des Begriffs
„inneres Beten" nachgegangen ist[80], kommt zu
dem Ergebnis:

> „So hat das ‚innere Gebet' also eine Struktur,
> die eigentlich alle Arten des ‚Betens', d.h. der
> Kommunikation mit Gott umfaßt. Aber of-
> fensichtlich ist der Kern doch die ‚Kontem-
> plation', das unmittelbare Gewahrwerden der
> Gottesnähe ... Ja, die Gottesgegenwart ist beim
> ‚inneren Gebet' wichtiger noch als das Reden
> oder Schweigen ... Inneres Gebet meint nicht
> einfach und breitgefächert ein lautloses Spre-
> chen mit Gott, sondern die im Innern ganz
> auf ihn gerichtete Aufmerksamkeit! Darum
> muß es auch das mündliche Beten begleiten,
> soll dieses nicht ein leeres Plappern und reine
> Zeitverschwendung sein. Der betende Mensch
> wird sich der Gegenwart Gottes bewußt. Da-
> mit vereinheitlichen sich die vielen Arten und
> Unterarten in einem wachen Aufmerken."[81]

Bemerkenswert ist, daß ansonsten sowohl in
theologischen Veröffentlichungen wie in den vie-

len geistlichen Schriften, die seit der „Meditationswelle" der sechziger und siebziger Jahre die Bücherregale interessierter Leser füllen, das Wort „inneres Beten" kaum zu finden ist. Im neuen „Lexikon für Theologie und Kirche" zum Beispiel, ja selbst im einschlägigen „Praktischen Lexikon der Spiritualität"[82] suchen wir den Begriff „inneres Beten" – auch unter dem Stichwort „Gebet" – vergebens.[83]

Und die *Katechismen* schließlich bieten dieses Bild: Hatte noch der „Katholische Katechismus der Bistümer Deutschlands" von 1951[84] formuliert: „Wir können mündlich beten, d. h. im Herzen[85] und mit dem Munde, oder innerlich, d. h. nur im Herzen", kennt der „Katholische Erwachsenen-Katechismus" der deutschen Bischöfe von 1985[86] eine Unterscheidung der Gebetsweisen „der Form nach": das „mündliche Gebet, das frei und spontan geschehen, das sich aber auch an einen vorgeformten Text halten kann", das „betrachtende Gebet, d.h. das Nachsinnen über einen Text ..., ein religiöses Bild ... oder eine Lebenssituation" und das „innere Gebet; man nennt es auch das beschauende Gebet oder besser: das Herzensgebet".[87] Im zweiten Band, zehn Jahre später[88], wird der Begriff „inneres Beten" gar nicht fallen, dort wird es an einschlägiger Stelle lediglich heißen:

> „Die Formen des Betens können sehr verschieden sein. Wir kennen das private und das öffentliche Gebet, das mündliche und das Gebet ohne Worte, das formulierte und das freiformulierte Gebet."[89]

Das Begriffsbabel, das uns bei unserem Gang durch die Geschichte begegnet ist, wird komplett in dem für die Weltkirche erarbeiteten „Katechismus der Katholischen Kirche"[90]. In einem zusammenfassenden Kurztext wird dort festgehalten:

> „Die christliche Überlieferung kennt drei bedeutende Ausdrucksweisen des Gebetslebens: das mündliche, das betrachtende und das innere Gebet. Die Sammlung des Herzens ist ihnen gemeinsam."[91]

Diese Nebeneinanderstellung und die damit verbundene Deutung des Wortes „inneres Beten" als eine spezielle Gebetsform neben (zwei) anderen entspricht zwar nicht dem ursprünglichen und, wie sich bisher zeigte, durchgängigsten Verständnis in der geistlichen Tradition der Kirche, hätte aber wenigstens Berechtigung und Logik, wäre da nicht einige Seiten zuvor unter dem Abschnitt „I. Mündliches Gebet" zu lesen:

> „Das Gebet (sc. das mündliche) wird in dem Maß innerlich, in dem wir uns bewußt werden, ‚zu wem wir sprechen' (Theresia v. Jesus ...). Damit wird das mündliche Gebet zu einer ersten Weise inneren Betens."[92]

Meinen die Autoren mit „innerem Beten" also doch das, was die dort zitierte Teresa von Avila darunter verstand: die personale Hinwendung zu Gott, die alle Gebetsformen, auch das mündliche Gebet, erst zum Gebet macht? Was dann unter „III. Inneres Gebet" folgt und wiederum in einem Kurztext[93] zusammengefaßt wird, könnte ein Ja nahelegen, wären da nicht Worte wie: „Die Wahl der Zeit und die Dauer des inneren Gebetes ..."[94], „Beim inneren Gebet sind die Worte kein langes Reden ..."[95]

2. Versuch einer Definition

Was nun meint „inneres Beten"? – Die Begriffsgeschichte hat sich als eine recht wechselvolle *Bedeutungs*geschichte erwiesen. Versuchen wir, ein wenig zu ordnen, was uns an Inhalten und Sichtweisen begegnet ist, um so zu einer „Definition" zu finden, die uns ein gültiges und einheitliches Verständnis dieses alten Wortes der christlichen Spiritualität ermöglicht.

a) Vier Bedeutungen und eine Option

Im wesentlichen sind uns auf unserem Gang durch die geistliche Tradition *vier Bedeutungen* begegnet:

1. Der Begriff „inneres Beten / oratio mentalis" bezeichnet das Wesen des Gebets und den personalen Grundakt des betenden Menschen: die bewußte Hinwendung des Ich zum verborgen gegenwärtigen Du Gottes; die verschiedenen Gebetsformen (liturgisches Gebet, gemeinsames oder persönliches Gebet mit geformten oder freien Worten, Betrachtung ...) sind Ausdrucksweisen des inneren Betens.

2. „Inneres Beten" steht für das persönliche, stille – worthafte oder wortlose – Gebet des einzelnen als eine Gebetsform neben der liturgischen, der mündlichen, der betrachtenden und anderen Formen des Betens.

3. Der Begriff „inneres Beten" bezeichnet eine Gebets-„stufe", bei der an die Stelle der mündlichen oder stillen Worte und an die Stelle des diskursiven und bildhaften Betrachtens die kontem-

plativ von Gott her zu Gott hin erwachte (schweigende oder wortarme) Liebe des Herzens tritt.

4. Der Ausdruck „inneres Beten" wird gleichbedeutend mit „Meditation" im Sinne der diskursiverwägenden und affektiv-einfühlenden Betrachtung biblischer Texte und Glaubensgeheimnisse verwendet; meistens meint er in dieser Bedeutungsweise auch die konkrete Betrachtungszeit im Tageslauf klösterlicher und geistlicher Gemeinschaften.

Jede dieser vier Verstehensweisen ist auch heute anzutreffen, in der Literatur wie vor allem im mündlichen Sprachgebrauch. Der Blick in die Geschichte hat gezeigt, daß alle vier Bedeutungen ihre Berechtigung haben – wenn man diese Berechtigung aus der Tatsache herleitet, daß sie eben in der geistlichen Tradition vorkommen. Wollen wir jedoch um einen einheitlichen Sprachgebrauch bemüht sein, dann ist eine Option für *eine* dieser Bedeutungen notwendig; und dafür spricht heute angesichts der Tatsache, daß gerade im Bereich der Spiritualität oftmals dieselben Etiketten auf Flaschen verschiedenster Inhalte kleben (ich denke auch an Begriffe wie „Mystik", „Kontemplation", „Meditation" etc.), sehr viel! Natürlich möchte ich für die *erste Wortbedeutung* optieren. Sie hat sich als das *ursprüngliche* und durch die geistliche Tradition hin *durchgängige* Begriffsverständnis erwiesen.

b) **Das Bild des Baumes**

In meinen Exerzitienkursen verwende ich ein Bild, das zugleich formal wie inhaltlich zum Ausdruck bringen kann, was „inneres Beten" meint.

Ich male einen Baum an die Tafel und schreibe an die Äste die verschiedenen Formen, in denen christliches Beten vollzogen werden kann:

– das *geformte* Beten mit einem Gebetstext, auswendig oder aus einem Buch, allein oder gemeinschaftlich;
– das *liturgische* Beten, worunter ich jede Form von Gottesdienst, vor allem aber die Eucharistiefeier und auch das Stundengebet zähle;
– das persönlich-stille oder gemeinsame *frei formulierte* Beten;
– das *betrachtende* (meditierende) Beten;
– das *schweigende* Beten, das ein Mann aus einfacher Herkunft dem Pfarrer von Ars mit den treffenden Worten beschrieben hat: „Gott schaut mich an, und ich schaue ihn an";
– das *rhythmische* Beten, eine Form, bei der bestimmte Gebetsworte wiederholend, eventuell im Rhythmus des Atems, gesprochen werden (Jesus-Gebet, Rosenkranz, Litanei ...).

Konkrete Einzelformen können dann jeweils als Zweige dem entsprechenden Ast zugeordnet werden.

Das Stichwort „inneres Beten" schreibe ich an den Stamm- und Wurzelbereich und erläutere meinen Exerzitanten: „Inneres Beten" meint nicht eine weitere Gebetsform oder eine spezielle Gebetsart neben anderen; es bildet nicht einen weiteren Ast an unserem Baum. Mit diesem Wort bezeichnen wir vielmehr *das, was Beten erst zum Beten macht, was Beten und Gebete-Verrichten voneinander unterscheidet.* Im Bild: Inneres Beten entspricht dem Fluß des Lebenssaftes, der aus dem Erdreich über Wurzeln und Stamm die Äste und Zweige mit Nahrung versorgt, ohne die sie, wenn auch äußerlich noch eine Weile schön anzusehen, „leer" sind und ohne Leben, bald auch ohne Blattwerk und ohne Frucht ... – Hinter diesem Bild steht die Weinstockrede aus Joh 15, 1-8, die dazu passend meditiert werden kann.

Der Begriff „oratio mentalis / inneres Beten", so können wir zusammenfassend „definieren", bezeichnet das, was wir Menschen unsererseits tun können und tun sollten, damit wir wach sind für das verborgene Anwesendsein Gottes, und entdecken, was er seinerseits schon immer in uns und um uns herum wirkt. *Inneres Beten heißt: sich bewußt zu Gott hinwenden von Ich zu Du, „an Gott denken", sich seine Gegenwart bewußt machen, zu Gott „du" sagen und dieses „du, Gott ..." auch wirklich meinen ...*

In welcher *Form* (Äste und Zweige) wir dann diese Hinwendung zu Gott ausdrücken, ist eine nicht unwesentliche, aber zweitrangige Frage. Alle Formen haben ihren je eigenen, aber doch gleichen Wert im aufmerksamen Umgang mit Gott. Auch kann die eine Form dem einen Menschen mehr, dem anderen weniger „liegen" – so, wie Teresa von Avila mit der Betrachtung sich schwertat und Therese von Lisieux mit dem Rosenkranz. Fehlt dem Gebet, von welcher Ausdrucksform auch immer, jedoch das innere Beten, so fehlt ihm die „Seele" ... Jesus hat das den Frommen seiner Zeit mit den kritisch-mahnenden Worten Jesajas (vgl. Jes 29,13) in Erinnerung gerufen: „Der Prophet Jesaja hatte recht mit dem, was er über euch Heuchler sagte: Dieses Volk ehrt mich mit den Lippen, sein Herz aber ist weit weg von mir. Es ist sinnlos, wie sie mich verehren ..." (Mk 7, 6f; Mt 15, 7-9).

Inneres Beten hat keine Methode, die man erlernen müßte. Inneres Beten ist selbst die „Methode", die einzige und allein notwendige, die man „können" muß, um im eigentlichen Sinne ein glaubender Mensch zu sein – ein *„von innen her"* glaubender Mensch, worauf Jesus so viel Wert legte (vgl. Mk 7, 21-23; Mt 23, 25ff; Joh 7, 38). Es mag viele hilfreiche Methoden für das praktische Gebetsleben geben. Sie alle beziehen sich jedoch auf die Ausdrucksformen des Betens, nicht auf den Grundakt des Betens selbst; und sie alle blieben im Letzten wertlos, wenn ihnen die Grund-„Methode", eben das innere Beten fehlte.

Wenn inneres Beten die „Seele" des Gebets und, wie Thomas von Aquin sagt, „das Gebet ... im eigentlichen Sinne die Betätigung der Religion" ist („oratio est proprie religionis actus")[96], dann meint „inneres Beten" das, was *die christliche Art, Mensch zu sein*, ausmacht.

3. Inneres Beten konkret

Der Begriff „inneres Beten" steht für etwas Lebendiges: für das Beziehungsgeschehen zwischen Mensch und Gott, zwischen Gott und Mensch. Erst in einem zweiten und dritten Schritt gelangt dieses Geschehen zur textlichen Darstellung, wird reflektiert und wird Lehre. Wer das innere Beten kennenlernen möchte, ist also auf das mit dem Begriff Bezeichnete selbst verwiesen. *Man muß es „tun", um zu wissen, was es „ist".* (Ähnliches gilt von Begriffen wie „Kontemplation", „Mystik", „geistlich leben", ja von „glauben" überhaupt.) Erst dann werden auch die Schriften über das innere Beten, die Vergangenheit und Gegenwart hervorgebracht haben, eine echte und willkommene Hilfe sein. Sie zu lesen ist dann wie ein Gespräch zwischen gleichermaßen Kundigen und zugleich ein Austausch mit denen, die bereits mehr Erfahrung auf diesem Weg gesammelt haben.

a) ... wie geht das?

Was ist es, das da zu „tun" ist? Was ist inneres Beten *konkret*? Was geschieht in einem Menschen, wenn er innerlich betet?

Wie eingangs gesagt: Inneres Beten ist etwas ganz einfaches. Jeder kann es (schon). Es ist „ein Weg, der so leicht und so selbstverständlich ist, daß die Luft, die man atmet, nicht selbstverständlicher ist" (Madame Guyon[97]); nur begonnen – oder wiederentdeckt und wiederaufgenommen – muß er werden. Dennoch ist es nicht leicht, darüber zu sprechen, wohl gerade deshalb, *weil* inneres Beten „so einfach" und das Natürlichste von der Welt ist. Vielleicht läßt es sich etwa so beschreiben:

Ich versuche, mich einen Augenblick zu sammeln, innerlich ich selbst zu sein, so wie ich mich gerade vorfinde, und denke daran, daß Gott da ist (wenn auch der Wahrnehmung verborgen) ...; daß er um mich herum ist, über mir, unter mir, in mir drin – wie die Luft, die mich umgibt, die mich durchströmt und die mich am Leben erhält. Ich „vergegenwärtige" mir – eine Vokabel, die die geistlichen Meister durch die Jahrhunderte hin gern benutzten –, daß Gott Wirklichkeit ist; ich mache mir bewußt, daß der Gott, den ich für wahr halte, an den ich glaube, nach dem ich suche, über den ich nachdenke ..., so wirklich gegenwärtig ist wie jede andere anwesende Person ...

Dann folgt der eigentliche Schritt: Ich rede Gott an, von innen heraus, so daß wirklich ich es bin, der da redet ...; ich sage „du" zu Gott, zu diesem unfaßbar großen Gott, den ich freilich nur „ahnen" kann ... – Wie von selbst sagt dann nicht nur der Verstand das „du"; inwendige Tiefenbereiche „sprechen" mit ... Aus dem „du"-Sagen wird eine stille, worthafte oder auch wortlose Zuwendung von Wesen zu Wesen, ein Sich-Zublicken, ein „Entgegen-Warten" zu dem großen Geheimnis hin, das mich und alle Existenz umfängt, zu diesem Gott von unfaßbarer Größe und Weite, so verborgen und so nahe zugleich ...

Eine einfache „Übung" kann hier sehr hilfreich sein. Ich schließe die Augen und sage ganz bewußt den Satz: „Ich glaube an Gott"; ich horche in den Sinn dieses Satzes hinein ... Näher betrachtet und nachempfunden drücke ich damit aus, daß ich eine theistische, religiöse Weltanschauung habe, ich bekenne mich damit zu einer „Glaubensüberzeugung", zu einer bestimmten Welt- und Lebensdeutung, nicht weniger, aber auch nicht mehr. – Ich wiederhole diesen Satz noch einmal und füge einen zweiten an, den ich nun ebenso bewußt spreche: „Ich glaube an *dich*, Gott"; wieder gehe ich mit diesen Worten mit, versuche, das *„an dich, Gott"* wirklich zu meinen ... Was dabei in mir geschieht, was ich dabei „tue", was dabei den Unterschied vom ersten zum zweiten Satz ausmacht – das ist inneres Beten!

Mancher Zeitgenosse mag sich hier vor ein Problem gestellt sehen: Kann man sich denn Gott als *Person* vorstellen, ja ihn als Person, als „du, Gott" anreden? – In der jüdisch-christlichen Glaubenstradition ist die große göttliche Macht, die „die Welt im Innersten zusammenhält", nicht eine „unpersönliche Kraft" oder eine bloße „alles umfassende Energie", wie viele Menschen in unserem Kulturkreis derzeit glauben. Freilich: Wenn wir vom *personalen* Gott, ja sogar von *drei Personen* in Gott sprechen, ist das wie ein Fenster, ein Begriffs-Fenster, durch das wir auf weit Größeres hinausblicken als das, was wir als Person und Persönlichkeit im menschlichen Bereich kennen. Gott ist natürlich in einem viel umfassenderen und vollkommeneren, für uns nicht auslotbaren Sinn „Person". Doch kein anderes Wort wäre geeignet und angemessen, um in die richtige Richtung zu weisen, in der wir von Gott denken und uns seine Wirklichkeit bewußt machen, vergegenwärtigen dürfen. Kann denn Gott, der Urgrund von allem, was da ist, kleiner und geringer sein als das, was die Schöpfung als höchste Daseinsform hervorgebracht hat? Und kann er – können die Drei in Gott – denn von geringerer Daseinsform sein als der Galiläer Jesus von Nazaret, der uns als eine menschliche Person und Persönlichkeit Gott nahegebracht und vorgelebt hat? Gott, das sind drei, die *mindestens* das sind, was wir Person nennen ...

b) Eine neue Art, das Leben zu leben

Übt man sich – nicht nur während besonderer Gebetszeiten, sondern so oft man daran „denkt" – in diese „Vergegenwärtigung Gottes" ein wenig ein, verändert sich das ganze innere Lebensgefühl. Bisher brachliegende Kräfte der Seele werden wach, man bekommt für alles einen tieferen Blick ... Verstand und Vernunft bekommen Weite und lernen das Staunen ... Vom „Seelengrund" her kann sich die Erfahrung von Sehnsucht und Hingezogenheit zu Gott einstellen ... Die Worte der Hl. Schrift beginnen plötzlich zu sprechen ... Über die Zusammenhänge des Lebens gehen einem die Augen auf ... Glaube wird eine Lebensweise, ein Mitleben, Mitlieben, Mitleiden mit Jesus und seinem Gott ... Aus einer mehr oder weniger festen, rein weltanschaulichen Überzeugung wird etwas Lebendiges: eine konkrete, ganz persönliche (meine!) Konfrontation mit dem Urgeheimnis, zu dem ich mit Jesus „Abba – lieber Vater" sagen darf. Meine ganz eigene Begegnung mit dem erwächst, der sich hinter den Wortformeln des Glaubensbekenntnisses als Wirklichkeit verbirgt ... Gott ist da, er, der mich kennt, ist ständig anwesend – sich dies bewußt machen und mit dieser Tatsache wie mit einer guten „Gewohnheit" leben, das ist „glauben"; sich „vergegenwärtigen", daß Gott Wirklichkeit ist, das erst ist lebendiger Glaubensvollzug.

Inneres Beten ist in der Tat ein ganz einfaches, für jeden Menschen eigentlich leicht vollziehbares „Tun" der Seele, das während der Gebetszeit das „Gebete verrichten" zum Beten macht und während des Tages das Leben und Arbeiten ein „Gemeinschaftswerk" werden läßt ... Inneres

Beten braucht ausdrückliche Gebetszeiten, läßt sich darauf aber nicht einschränken: Der vertraute und vertrauensvolle Umgang mit Gott ist auch „zwischen den Kochtöpfen" (Teresa von Avila[98]) möglich und kann zum „immerwährenden Beten" und zum *Weg der Freundschaft mit Gott* werden, der immer alle in die Freundschaft einschließt, die Jesus Christus „Freunde" (Joh 15, 15) genannt hat. – Wer *glauben als Leben in Beziehung* verstehen und in Gott einen Freund und Weggefährten sehen kann, findet wie von selbst dahin, daß das auch noch so gewöhnliche, oft so „profane" Tagewerk nicht nur vom Gebet umrahmt und Gott „geweiht", sondern auch *mit Gott gestaltet* sein will. Gott ist in der „Küche" ebenso da wie im „Gebetswinkel" oder in der Kirche; ich verweile bei ihm in den Zeiten des Gebets und ich gehe mit ihm an die Arbeit, treffe meine Entscheidungen mit ihm, lache mit ihm und weine mit ihm ...

In welchen „Töpfen" auch immer ich rühre – inneres Beten ist der Weg in eine neue Art, das Leben zu leben.

4. „Starthilfe" mit Texten geistlicher Meister

Zum Schluß möchte ich noch einmal einige von den geistlichen Meistern und Meisterinnen zu Wort kommen lassen, die diesen Weg des inneren Betens im Laufe der christlichen Jahrhunderte gegangen sind und vorgelebt haben; sie sind – auch für mich selbst – die kundigsten Lehrer, aus Erfahrung ebenso wie aus seelsorglicher Kompetenz. Ich habe nur wenige Texte ausgewählt, und nur solche, die eine Art „Starthilfe" sein können: Sie wollen zeigen, wie man mit dieser einfachen, natürlichen und doch so wesentlichen Art, den Glauben zu leben, (wieder) *beginnen* kann.

a) An Gottes Gegenwart denken

Die heiligste und wichtigste Übung im geistlichen Leben ist der Gedanke an die Gegenwart Gottes. Sie besteht darin, daß man sich angewöhnt, gern in Gesellschaft mit ihm zu sein, dabei in Schlichtheit und Ehrlichkeit zu ihm zu sprechen und liebevoll bei ihm zu verweilen, ohne Reglement und ohne auf ein bestimmtes Gebetspensum achten zu müssen.
Es ist ein großer Irrtum zu glauben, die Zeiten des Gebetes müßten sich von den übrigen Zeiten unterscheiden. Nein. Es ist uns aufgegeben, in der Zeit der Arbeit mit der Arbeit bei Gott zu sein und zur Zeit des Gebetes mit dem Gebet.
Mein Beten ist nichts anderes als an Gottes Gegenwart zu denken ...
Wir müssen während unserer Arbeit und unserer sonstigen Tätigkeit, selbst wenn wir lesen oder schreiben, also auch, wenn es sich um geistige Din-

ge handelt, ja sogar während unserer Andachten und gesprochenen Gebete, ab und zu, so oft wir können, einen kleinen Augenblick innehalten, um uns im Grunde unseres Herzens Gott zuzuwenden, uns seiner – ganz geheim, wie im Vorübergehen – zu vergewissern.

Wenn Sie wissen, daß Sie alles vor dem liebenden Angesicht Gottes tun und daß er sich im tiefsten Grunde Ihres Herzens befindet, warum sollten Sie dann nicht wenigstens von Zeit zu Zeit Ihre Beschäftigungen – und selbst ihre rezitierten Gebete – unterbrechen, um sich innerlich zu ihm hinzuwenden, ihm etwas Schönes zu seinem Lob zu sagen, ihn um etwas zu bitten, ihm Ihr Herz hinzuhalten oder ihm Ihre Dankbarkeit zu zeigen? Was kann Gott lieber sein, als daß wir auf diese Art im Laufe des Tages immer wieder einmal aus unserer Alltagswelt aufschauen, um in unser Inneres einzukehren und uns von dorther ihm zuzukehren, zumal dadurch doch das Kreisen um das eigene Ich, wie es unter uns Geschöpfen üblich ist, aufgebrochen wird und die innere Rückkehr zu Gott uns selber mehr und mehr in Freiheit führt ...

Lorenz von der Auferstehung, Geistliche Weisungen 6ff.[99]

b) Ins Innerste hineingezogen werden

Das Herz ist die eigentliche Lebensmitte. Wir bezeichnen damit das leibliche Organ, an dessen Tätigkeit das leibliche Leben gebunden ist. Aber es ist uns ebenso geläufig, darunter das Innere der Seele zu verstehen, offenbar weil das Herz am stärksten an dem beteiligt ist, was im Inneren der Seele vorgeht, weil der Zusammenhang von

Leib und Seele nirgends deutlicher zu spüren ist. Im Inneren ist das Wesen der Seele nach innen aufgebrochen. Wenn das Ich hier lebt – auf dem Grunde seines Seins, wo es eigentlich zu Hause ist und hingehört –, dann spürt es etwas vom Sinn seines Seins und spürt seine gesammelte Kraft vor ihrer Teilung in einzelne Kräfte. Und wenn es von hier aus lebt, so lebt es ein volles Leben und erreicht die Höhe seines Seins. Was an Gehalten von außen aufgenommen wird und bis hierher vordringt, das bleibt nicht nur gedächtnismäßiger Besitz, sondern kann „in Fleisch und Blut" übergehen. So kann es zum lebenspenden Kraftquell in ihr werden ...

Das ist es, was die Kenner des inneren Lebens zu allen Zeiten erfahren haben: sie wurden in ihr Innerstes hineingezogen durch etwas, was stärker zog als die ganze äußere Welt; sie erfuhren dort den Einbruch eines neuen, mächtigen, höheren Lebens, des übernatürlichen, göttlichen .... „Suchst du wohl einen hohen Ort, einen heiligen Ort, so biete dich innen als Tempel Gottes. ,Denn der Tempel Gottes ist heilig, und der seid ihr.' Im Tempel willst du beten? In dir bete. Aber zuvor sollst du Tempel Gottes sein, weil er in seinem Tempel hört auf den Beter" (Augustinus).

Edith Stein, Endliches und ewiges Sein (Werke II), 402f u. 411.

c) Eine Haltung des Lauschens

Beten ist die Disziplin des Augenblicks. Wenn wir beten, treten wir ein in die Gegenwart Gottes, dessen Name Gott-mit-uns ist. Beten heißt, dem aufmerksam zu lauschen, der hier und jetzt zu uns spricht. Wenn wir den Mut haben, darauf zu vertrauen, daß wir niemals allein sind, sondern Gott immer mit uns ist, immer für uns sorgt und immer zu uns spricht, werden wir uns mit der Zeit von den Stimmen befreien, die uns plagen und ängstigen, und uns dann zubilligen, im gegenwärtigen Augenblick zu leben. Dies bedeutet, sich einer großen Herausforderung zu stellen, denn radikal auf Gott zu vertrauen fällt keinem in den Schoß. Die meisten mißtrauen Gott, halten ihn für einen furchterregenden, strafenden, autoritären Herrscher oder für ein blankes, machtloses Nichts. Der Gott, den Jesus verkündete, ist weder ein machtloser Schwächling noch ein mächtiger Boß. Im Mittelpunkt der Verkündigung Jesu steht die Botschaft vom liebenden Gott, der sich danach sehnt, uns das zu geben, wonach unser Herz sehnlich verlangt.

Beten heißt, auf diese Stimme zu hören. Das Wort Gehorsam, und noch deutlicher das entsprechende lateinische oboedientia, das sich von „ob-audire = mit großer Aufmerksamkeit hören, lauschen" ableitet, meinen vor allem solch eine Haltung des Lauschens. Ohne Hinhören und Lauschen werden wir für die Stimme der Liebe „taub". Das lateinische Wort für taub ist „surdus". Vollkommen taub sein heißt „absurdus", ja, absurd. Wenn wir nicht mehr beten, nicht mehr auf die Stimme der Liebe hören, die in diesem Augenblick zu uns spricht, wird unser Leben zu einem absurden Leben, in dem wir zwischen Vergangenheit und Zukunft hin- und hergeworfen werden.

Wenn uns jeden Tag dieses Hören und Lauschen wenigstens für ein paar Minuten – dort, wo wir gerade sind – gelänge, würden wir entdecken, daß wir nicht allein sind und daß der, der mit uns ist, nur das eine will: uns Liebe schenken.

Das Hören auf die Stimme der Liebe erfordert, daß wir Herz und Sinn aufmerksam auf diese

Stimme richten. Wie kann das geschehen? Der fruchtbarste Weg besteht meiner Erfahrung nach darin, sich ein einfaches Gebet, einen Satz oder auch nur ein Wort auszuwählen und es langsam zu wiederholen. Besonders geeignet sind das Vaterunser, das Jesus-Gebet, der Name Jesus oder ein anderes Wort, das uns an die Liebe Gottes erinnert und sie in die Mitte unseres inneren Raumes stellt wie eine brennende Kerze in eine dunkle Kammer.

Wahrscheinlich werden wir dabei ständig abgelenkt werden. Es wird uns durch den Kopf gehen, was gestern passiert ist, und wir werden uns Gedanken darüber machen, was morgen geschehen mag. Wir werden in unserer Fantasie lange Diskussionen mit Freund oder Feind führen, werden Pläne für den kommenden Tag schmieden, ein bevorstehendes Gespräch entwerfen oder unsere nächste Sitzung in Gedanken organisieren. Doch solange wir darauf achten, daß die Kerze in unserer dunklen Kammer nicht erlischt, können wir uns immer wieder dieses Licht zunutze machen und die Gegenwart dessen klar erkennen, der uns das anbietet, wonach wir am meisten verlangen. Dies mag nicht immer eine befriedigende Erfahrung sein. Oft sind wir so mit uns beschäftigt und so wenig in der Lage, innere Ruhe zu finden, daß wir es gar nicht erwarten können, uns wieder in das Getriebe zu stürzen und damit der Konfrontation mit dem chaotischen Zustand unseres Herzens und unseres Sinnes aus dem Wege zu gehen. Doch wenn wir unserer Übung treu bleiben, auch wenn es täglich nur zehn Minuten sein sollten, werden wir nach und nach – durch das Kerzenlicht unseres Betens – erkennen, daß es in uns einen Ort gibt, an dem Gott wohnt und an dem wir eingeladen sind, mit Gott zusammen zu wohnen. Eines Tages werden wir diesen inneren, hei-

ligen Ort als den schönsten und kostbarsten anse-
hen, den wir aufsuchen können, um hier zu ver-
weilen und geistlich gestärkt zu werden.

Henri J. M. Nouwen, Was mir am Herzen liegt.
Meditationen, Freiburg-Basel-Wien 1995, 16-18.

d) Nicht viele Worte machen

Bei vielen Seelen ist es nämlich so: ihr Gebet be-
steht mehr aus Worten denn aus Liebe. Es ist, als
seien sie auf nichts anderes bedacht, als möglichst
viele Psalmen und Vaterunser abzubeten. Ha-
ben sie die Zahl erfüllt, die sie sich vorgenommen
hatten, dann denken sie nicht weiter. Sie schei-
nen ihr Gebet auf das mündliche Hersagen zu
begrenzen; damit ist es aber nicht getan, und las-
sen sie es dabei bewenden, dann erzielen sie we-
nig Frucht, und Mir ist solches Gebet nicht wohl-
gefällig.
Fragst du Mich aber: Soll man es also lassen, da
doch nur wenige zum innern Gebet hingezogen
scheinen, so erwidere Ich dir: keineswegs, doch
soll man mit Ordnung vorgehen, denn Ich weiß
wohl, daß eine Seele unvollkommen ist, ehe sie
sich vervollkommnet und dementsprechend auch
ihr Gebet. Selbstverständlich soll sie, um nicht
dem Müßiggang zu verfallen, das mündliche Ge-
bet pflegen, solange sie unvollkommen ist, aber
nicht ohne gleichzeitig nach dem inneren zu stre-
ben. Während sie betet, soll sie den Geist zu Mir
erheben und auf Meine Liebe hinrichten und da-
bei ihre Fehler wie auch das Blut Meines
eingeborenen Sohnes betrachten, worin sie Mei-
ne verschwenderische Liebe und die Vergebung
ihrer Sünden findet. So lernt sie in der Selbster-
kenntnis und im Bedenken ihrer Fehler Meine

Güte erkennen und ihre Übungen in wahrer De-
mut fortsetzen (...)

Somit muß die Seele ihre Selbsterkenntnis in die
Erkenntnis Meiner Liebe eingründen. Dann wird
ihr mündliches Gebet ihr nützlich und Mir wohl-
gefällig sein, und sie wird vom unvollkommenen
mündlichen Gebet durch beharrliche Anstren-
gung zum vollkommenen inneren gelangen. Nur
ist sie bisweilen so töricht, wenn sie sich eine be-
stimmte Zahl von Zungengebeten vorgenommen
hat, Meine Heimsuchung unbeachtet zu lassen.
Ich aber werde ihren Geist bald so, bald anders
heimsuchen, bald im Licht der Selbsterkenntnis
und Reue über ihre Fehler, bald im Überströmen
Meiner Liebe, oder auch indem Ich ihrem Geist
die Gegenwart Meiner Wahrheit vorstelle, je
nachdem es Mir gefällt und die Seele es sich er-
sehnt hat (...)

Du siehst: nicht durch viele Worte gelangt einer
zum vollkommenen Gebet, sondern durch lie-
bende Sehnsucht, indem er sich in Selbsterkennt-
nis in Mir aufrichtet und beide Gebetsarten gleich-
zeitig grundlegt. So wirst du beide, das mündliche
und das innere Gebet besitzen, denn sie gehören
ebenso zusammen wie das tätige und das beschau-
liche Leben. Da freilich das mündliche und das
innere Gebet sich auf mancherlei Arten verste-
hen läßt, habe Ich dir gesagt, daß schon das hei-
lige Verlangen nach einem guten und heiligen
Willen ein immerwährendes Gebet ist. Dieser
Wille und Wunsch gestaltet sich dann jeweils am
bestimmten Ort und zur bestimmten Zeit zum
Gebet, zusätzlich zu dem zuständlichen immer-
währenden Gebet heiligen Verlangens. Und so
wird die Seele, die in heiliger Sehnsucht und be-
währter Gesinnung verharrt, das mündliche Ge-
bet zur vorgeschriebenen Zeit verrichten oder
zuweilen auch außerhalb dieser Zeit weiterfüh-

ren, wenn die Liebe zum Heil des Nächsten es fordert, je nach Bedürfnis und Not und entsprechend dem Stand, in den Ich sie stellte.

Caterina von Siena, Gespräch von Gottes Vorsehung, Einsiedeln 1964, 80-83.

e) Zu Gott hinschauen

Ach, wenn ich Dich doch das Geheimnis des Glückes lehren könnte, so wie Gott es mich gelehrt hat! Du sagst, ich hätte weder Sorgen noch Leiden. Ja, ich bin tatsächlich sehr glücklich. Aber wenn Du nur wüßtest, daß man in Widerwärtigkeiten ebenso glücklich sein kann. Man muß nur immer zu Gott hinschauen ...
Du mußt Dir, so wie ich, im Innern Deiner Seele eine kleine Zelle bauen. Du denkst dann, daß der liebe Gott darin zugegen ist, und betrittst sie von Zeit zu Zeit. Wenn Du Deine Nerven spürst oder Dich unglücklich fühlst, so flüchtest Du Dich rasch dahin und vertraust dem Meister alles an.
Ach, wenn Du nur eine geringe Kenntnis vom richtigen Beten hättest, dann würdest Du es nicht langweilig finden. Mir kommt es vor wie ein Ausruhen, eine Entspannung. Man begibt sich einfach zu dem, den man liebt. Man hält sich ganz in seiner Nähe auf, wie ein Kind in den Armen seiner Mutter, und läßt dann seinem Herzen freien Lauf. Du hast Dich früher immer so gerne neben mich gesetzt, um mir Deine Geheimnisse anzuvertrauen. Auf die gleiche Weise muß man zu ihm gehen. Wenn Du nur wüßtest, wie gut er versteht! Du würdest nicht mehr so leiden, wenn Du dies begreifen könntest.
Lieben Sie stets das Gebet; und wenn ich sage „Gebet", so meine ich damit nicht so sehr, daß Sie

sich täglich eine Menge mündlicher Gebete vor-
nehmen sollen, sondern ich meine die Erhebung
der Seele zu Gott bei allem, diese innere Hin-
wendung zu ihm, die uns in eine Art ständige
Communio mit der Heiligsten Dreifaltigkeit
führt, indem wir alles unter seinem Blick tun.

Elisabeth von Dijon, Briefe 123 u. 252[100]

f) Ein Aufblick der Liebe

Es gibt zwei Wege, die Seelen in das Innere Ge-
bet einzuführen, deren man sich für einige Zeit
bedienen kann und muß. Das eine ist die Be-
trachtung, das andere das betrachtende Lesen.
Betrachtendes Lesen ist nichts anderes, als sich
einige entscheidende Wahrheiten vorzunehmen
... Das geht folgendermaßen:
Ihr nehmt euch eure Wahrheit vor, jene, die ihr
wählen wollt, und lest dazu ein, zwei oder drei
Zeilen, um sie zu verarbeiten und zu verkosten.
Bemüht euch, ihren Saft aufzunehmen, und ver-
weilt an der Stelle, die ihr lest, so lange, wie ihr
Geschmack daran findet, und geht ja nicht eher
weiter, als bis diese Stelle für euch nichts mehr
hergibt.
Danach könnt ihr euch wieder ein solches Stück
vornehmen und dasselbe tun, aber lest nie mehr
als eine halbe Seite auf einmal.

Es ist nicht so sehr die Menge der Lektüre, die
Nutzen bringt, als vielmehr die Art des Lesens ...
Ich bin sicher, wenn man es auf diese Art macht,
wird man sich nach und nach durch das Lesen an
das Beten gewöhnen und gut dafür bereitet sein.
Der andere Weg ist die Betrachtung. Sie geschehe
in der dafür vorgesehenen Stunde und nicht zur

Zeit der Lektüre. Mir scheint es gut, sie folgendermaßen zu halten:
Nachdem ihr euch durch einen Akt lebendigen Glaubens in die Gegenwart Gottes versetzt habt, lest etwas Gehaltvolles, und haltet behutsam dabei inne ...
Ich gebe zu, daß es am Anfang schwierig ist, sich zu sammeln, denn die Seele neigt dazu, sich ganz nach außen zu richten. Wenn sie sich aber überwindet und umgewöhnt, wird ihr die Sammlung leicht fallen, weil sie ihr vertraut geworden ist und weil Gott, der nach nichts anderem verlangt, als sich seinem Geschöpf mitzuteilen, ihr reichliche Gnaden und einen Vorgeschmack seiner Gegenwart gibt. So macht er es ihr sehr leicht.

Ihr alle, die ihr im Dienst der Seelen steht, laßt euch beschwören, sie zuerst auf jenen Weg zu bringen, der Jesus Christus ist ... Macht eigene Katechismen, um zu lehren, wie man innerlich betet, und zwar nicht mit Verstandeskräften oder bestimmten Methoden (einfache Menschen wären dazu nicht in der Lage), vielmehr: Lehrt sie das Gebet des Herzens und nicht des Kopfes, das Gebet des göttlichen Geistes und nicht menschlicher Erfindungsgabe.
Aber leider sucht man nach ausgeklügelten Gebeten, und da man sie allzu kunstgerecht haben möchte, macht man sie unmöglich. Man hat die Kinder von dem besten aller Väter abgewendet, nur weil man ihnen eine allzu ausgefeilte Sprache beibringen wollte. Kommt, ihr armen Kinder, redet mit eurem himmlischen Vater in eurer natürlichen Sprache; wie grob und plump sie auch sein mag, für ihn ist sie es nicht. Ein Vater liebt mehr ein Gestammel voller Liebe und Ehrfurcht, das er von Herzen kommen sieht, als eine feierliche, ausgeklügelte Ansprache, die kalt, leblos und

unfruchtbar ist. Schon ein Aufblick voller Liebe kann ihn erfreuen und entzücken ...

Madame Guyon, Kurzer und sehr leichter Weg zum Inneren Gebet, in: Emmanuel Jungclaussen, Suche Gott in dir, Freiburg-Basel-Wien 1986 (47-120), 54ff u. 109f.

g) In Gesellschaft des Freundes leben

Ach, ihr Schwestern, die ihr große Verstandes-anstrengungen nicht fertig bringt, die ihr keinen Gedanken fassen könnt, ohne gleich wieder zer-streut zu sein, gewöhnt euch doch an, in seiner Gesellschaft zu leben! Seht, ich weiß, daß ihr das könnt, weil ich ja selber viele Jahre darunter ge-litten habe, daß ich mit den Gedanken nicht bei einer Sache bleiben konnte. Ich weiß aber auch, daß der Herr uns in solcher Trostlosigkeit zu Hil-fe kommt und daß er uns nicht abweist, wenn wir uns an ihn wenden und ihn demütig bitten. Und wenn wir es in einem Jahr nicht schaffen, da herauszukommen, so eben in mehreren. Nie soll es uns um die Zeit leid tun, die wir für ihn ver-schwendet haben. Ich meine, daß wir es uns durchaus zur Gewohnheit machen können, uns darum zu bemühen, in Gesellschaft dieses echten Freundes unseren Weg zu gehen.
Ich bitte euch nicht, daß ihr euch auf ihn konzen-triert, daß ihr große Gedankengänge entwickelt und mit eurem Verstand hohe und scharfsinnige Betrachtungen haltet. Ich bitte euch nur um das eine, daß ihr ihn anschaut.
Wer hindert euch denn daran, die Augen der See-le auf den Herrn zu richten – und sei es nur für einen kleinen Augenblick, wenn ihr mehr nicht fertigbringt! Sehr häßliche Dinge anschauen, das

könnt ihr, und das Schönste, das man sich über-
haupt vorstellen kann, das könnt ihr nicht an-
schauen? Töchter, euer Bräutigam wendet die
Augen nie von euch ab. Trotz der tausend häßli-
chen und abscheulichen Dinge, die ihr getan habt,
hat er euch ertragen. Sie konnten ihn nicht dazu
bewegen, euch fallenzulassen. Ist es da zuviel ver-
langt, daß ihr wenigstens hin und wieder die Au-
gen von den äußeren Dingen wegwendet und auf
ihn richtet? Seht, er erwartet von uns, wie er (im
Hohen Lied) zur Braut sagt, nichts anderes, als
daß wir ihn anschauen. In dem Maße, als ihr
nach seiner Gegenwart verlangt, werdet ihr sie
finden. Daß wir unseren Blick auf ihn richten,
bedeutet ihm so viel, daß er es von seiner Seite
her an Aufmerksamkeit nicht fehlen lassen wird
...
Es kann eine Hilfe sein, wenn ihr versucht, im-
mer ein Bildnis des Herrn, irgendeine Darstel-
lung, die nach eurem Geschmack ist, bei euch zu
haben, aber nicht, um sie nur auf dem Herzen zu
tragen und niemals draufzuschauen, sondern um
häufig mit ihm zu reden. Er wird euch eingeben,
was ihr sagen sollt! Mit anderen Personen redet
ihr doch auch, warum sollte es euch dann an Wor-
ten fehlen, wenn ihr mit Gott redet? ...
Ich versichere euch: Wenn ihr euch das, was ich
gesagt habe, mit Sorgfalt zur Gewohnheit macht,
werdet ihr so reichen Gewinn daraus ziehen, daß
ich, selbst wenn ich es euch sagen wollte, nicht
wüßte wie. Bleibt also neben diesem guten Mei-
ster und seid fest entschlossen zu lernen, was er
euch lehrt.

Teresa von Avila, Weg der Vollkommenheit 26,
in: dies., Die Botschaft vom Gebet (Weg der Voll-
kommenheit, Kap. 19-42), Leipzig, 4. Aufl. 1997,
55-61.

h) Verweilen bei Gott in liebendem Aufmerken

So möge der spirituelle Mensch lernen, bei Gott in liebendem Aufmerken zu verweilen, mit beruhigtem Verstand, sobald er nicht mehr betrachten kann, auch wenn es ihm vorkommt, als täte er nichts, denn so wird nach und nach, aber sehr schnell mit wunderbaren und erhabenen und von göttlicher Liebe umschlossenen Einsichten Gottes die Ruhe und der Frieden Gottes in seine Seele eingegossen. Er soll sich nicht auf Formen, Betrachtungen und Bilder oder irgendeinen Gedankengang einlassen, um die Seele nicht zu beunruhigen und aus ihrer Zufriedenheit und dem Frieden herauszuholen, was ihr nur Unlust und Widerwillen verschaffte. Und wenn ihm, wie wir gesagt haben, Gewissensbisse kämen, weil er nichts tut, so bedenke er, daß er nicht wenig tut, wenn er die Seele befriedet und in Ruhe und Frieden versetzt, ohne irgendetwas zu wirken oder anzustreben. Das ist es, was unser Herr durch David von uns erbittet mit den Worten: Vacate, et videte quoniam ego sum Deus. *Wie wenn er sagte: Lernt, leer zu sein von allen Dingen, das heißt, innerlich und äußerlich,* und ihr werdet sehen, daß ich Gott bin *(Ps 46,11).*

Johannes vom Kreuz, Aufstieg zum Berg Karmel II 12, 5.[101]

i) Sich neben den Meister setzen

Man soll uns gerade in bezug auf das Vaterunser nicht sagen können, wir würden nicht verstehen, was wir beten. Sonst können wir uns ja gleich an die verbreitete Meinung halten: „Das Rezitieren der Gebetstexte genügt." Ob das genügt oder nicht – in diese Diskussion möchte ich mich nicht einmischen, dazu sollen sich die Gelehrten äußern. Was jedenfalls uns angeht, Töchter, so will ich, daß wir uns damit allein nicht begnügen! Wenn ich bete: „Ich glaube ...", dann ist es meiner Meinung nach notwendig, daß ich es mit Verstand sage und daß ich weiß, an was ich glaube; und wenn ich bete: „Vater unser ...", so erfordert es schon die Liebe, daß ich mich darauf besinne, wer dieser unser Vater ist, und ebenso, daß ich daran denke, wer der Meister ist, der uns dieses Gebet lehrte ...

Gott möge verhüten, daß wir einen solchen Meister vergessen, der uns das Vaterunser gelehrt hat, und zwar mit soviel Liebe und so großem Bemühen, uns voran zu bringen. Wir sollen oft an ihn denken, wenn wir das Vaterunser sprechen, auch wenn uns das aufgrund unserer Schwachheit nicht immer gelingt ...

Gut ist es, sich vorzustellen, daß jede einzelne Schwester das Vaterunser von ihm lernt, daß er selber jede Schwester darin unterweist. Dieser Meister ist ja niemals so weit von seinem Schüler entfernt, daß er eine laute Stimme nötig hätte, er ist ihm ganz nahe. Ich wünschte, daß ihr das begreift: Um das Vaterunser gut zu beten, darf man sich nicht von der Seite des Meisters entfernen, der es uns lehrt ...

Stell dir vor, daß der Herr nun bei dir ist, betrachte, mit welcher Liebe und Demut er dich unterrichtet. Glaubt mir, wenn ihr das tut, so gut ihr könnt, werdet ihr nie ohne die Gesellschaft dieses guten Freundes sein. Wenn ihr euch angewöhnt, im Bewußtsein zu behalten, daß ihr ihn neben euch habt, und wenn er sieht, daß ihr das aus Liebe macht und ihm zur Freude tut, dann könnt ihr ihn, wie man so sagt, nicht mehr loswerden ...

Ich versichere euch: Wenn ihr euch das, was ich gesagt habe, mit Sorgfalt zur Gewohnheit macht, werdet ihr so reichen Gewinn daraus ziehen, daß ich, selbst wenn ich es euch sagen wollte, nicht wüßte wie. Bleibt also neben diesem guten Meister und seid fest entschlossen zu lernen, was er euch lehrt. Seine Majestät wird dafür sorgen, daß ihr nicht nachlaßt, gute Schülerinnen zu werden. Er wird euch nicht verlassen, wenn nur ihr ihn nicht verlaßt. Betrachtet die Worte, die sein Mund spricht. Schon beim ersten werdet ihr erkennen, welche Liebe er zu euch hat – und das ist für einen Schüler kein geringer Lohn und keine kleine Freude: zu wissen, daß sein Meister ihn liebt.

Teresa von Avila, Weg der Vollkommenheit, Kap. 24 – 26, in: dies., Die Botschaft vom Gebet (Weg der Vollkommenheit, Kap. 19-42), Leipzig, 4. Aufl. 1997, 47-61.

Anstelle eines Nachwortes:

Der Rat eines Erfahrenen

Wenn jemand etwas von jener tiefen Liebe zu Gott in sich trägt, die nach schweigender Zurückgezogenheit verlangt, dann würde man ihm und der Kirche großes Unheil zufügen, wenn er auch nur für einen Augenblick zur „Aktivität" und zu auch noch so bedeutsamen Beschäftigungen genötigt würde. Gott selber beschwört uns ja, die Seele nicht aus solcher Liebesbegegnung aufzustören (Hld 2, 7). Wer kann dies dann ungestraft wagen? Schließlich sind wir doch für solche Liebe geschaffen worden!

Das sollten die ach so „Aktiven" bedenken, die mit ihrem Gepredige und ihrem ganzen äußerlichen Gewerkel der Welt zu dienen meinen. Sie sollten daran denken, daß sie der Kirche viel mehr nützten und Gott viel mehr Freude bereiteten, wenn sie wenigstens einen geringen Teil der dafür verwendeten Zeit betend mit Gott verbringen würden, selbst wenn ihr Gebet noch sehr armselig wäre. Der Zuwachs an geistiger Kraft, den sie darin geschenkt bekämen, würde sie befähigen, mit einer einzigen Aktion mehr und mit weniger Verausgabung ihrer Kräfte zu bewirken als mit ihren tausend anderen. Was sie tun, heißt sich abplagen und doch so gut wie nichts, mitunter überhaupt nichts zustandezubringen, wenn nicht gar Schaden zu machen.

Gott bewahre uns davor, daß das Salz zu verderben beginnt. Was dann auch immer einer nach außen hin zu leisten scheint – auf den Kern geschaut, wird es nichts sein. Denn die guten Werke werden nicht anders als aus der Kraft, die einem von Gott kommt, getan. Oh, wieviel ließe sich darüber schreiben!

Johannes vom Kreuz, Der Geistliche Gesang (B)
28, 3.[102]

ANMERKUNGEN/ LITERATUR-HINWEISE

Damit diese Liste der Anmerkungen zugleich auch einen Literaturüberblick geben kann, wurden *die wichtigsten Schriften zum inneren Beten* **fett** gedruckt.

[1] ***Erika Lorenz*, Wort im Schweigen. Vom Wesen christlicher Kontemplation, Freiburg-Basel-Wien 1993** (37-72) 37f.

[2] S. th. II II q. 83 a. 12.

[3] Ebd.

[4] S. z. B.: *Johannes von Damaskus*, De fide orth. 3, 14; *Aurelius Augustinus*, Sermo 9 n. 3; *Evagrius Ponticus*, De oratione, 3.

[5] Art.: Oraison (Bd. 11, Paris 1982, 831-846) v. *Michel Dupuy*, bes. unter: 2. Manières d'oraison, 836-846.

[6] In: De exterioris et interioris hominis compositione III, c. 53, 54 u. 57.

[7] Vgl. dazu: ***Friedrich Wulf*, Das innere Gebet (oratio mentalis) und die Betrachtung (meditatio), in: Geist und Leben 25 (1952) 382-390**, 385f.

[8] Dialogo della divina Providenza, in der dt. Übertragung: *Caterina von Siena*, Gespräch von Gottes Vorsehung, eingel. v. Ellen Sommer-von Seckendorff u. Hans Urs von Balthasar, Einsiedeln 1964 (Reihe: Lectio spiritualis, Bd. 8).

[9] Ebd. 81.

[10] Ebd. 82.

[11] Ebd.

[12] Ebd. 83/84.

[13] *John Wyclif*, De oratione et Ecclesiae purgatione, in: Polemical Works, Bd. 1, London 1883, 342.

[14] *Johannes Tauler*, Predigten, 2 Bd., übertr. u. hg. v. *Georg Hoffmann*, Einsiedeln 1979.

[15] S. dazu: *Stefan Zekorn*, Gelassenheit und Einkehr. Zur Grundlage und Gestalt geistlichen Lebens bei Johannes Tauler, Würzburg 1993, bes.: 100-109.

[16] Predigt 39 (aaO. 291).

[17] Predigt 24 (aaO. 166f).

[18] Predigt 15 (aaO. 101).

[19] Darauf hat *Stefan Zekorn* aufmerksam gemacht, s. aaO. 106f.

[20] Predigt 24 (S. 167).

[21] Predigt 15 (S. 101)

[22] Kritische Neuausgabe von *Melquíades Andrés*, Madrid (BAC) 1972; das Werk umfaßt in dieser Ausgabe ca. 510 Seiten; in Auszügen ins Deutsche übersetzt von *Erika Lorenz* in: **Francisco de Osuna, Versenkung. Weg und Weisung des kontemplativen Gebetes, Freiburg-Basel-Wien 1982.**

[23] Ebd., Einleitung (13-25) 21.

[24] *Gonzalo de Arriaga*, Historia del Colegio de San Gregorio de Valladolid, zitiert nach: **Ulrich Dobhan, Teresas Weg zu Christus, in: Joseph Kotschner (Hg.), Der Weg zum Quell. Teresa von Avila 1582 - 1982, Düsseldorf 1982 (129-156)** 134.

[25] AaO. 393-408 (trat. XIII, cap. I-III); in der dt. Teil-übers.: aaO. 37-44.

[26] Ebd. 403; dt.: ebd. 41.

[27] Ebd. 393; dt.: ebd. 38.

[28] Ebd.

[29] Ebd. 400; dt.: ebd. 39f.

[30] AaO. 41.

[31] Ebd. (Einleitung) 23; vgl. dazu: *dies.*, Wort im Schweigen (s. Anm. 1), 59f.

[32] AaO. 393; dt.: ebd. 37.

[33] Ebd.

[34] Leben (Libro de la Vida) 4, 7; dt. Ausgabe der Werke Teresas: Sämtliche Schriften der hl. Theresia von Avila, übers. v. *Aloysius Alkofer OCD*, München 1933ff.

[35] Ebd. 7, 1.

[36] Weg der Vollkommenheit (Camino de Perfección) 22, 1. Die Kapitel 19-42 dieses Buches, in denen Teresa anhand des Vaterunser ins innere Beten einführt, sind in einer Neuübersetzung erschienen: **Teresa von Avila, Die Botschaft vom Gebet,** übers. u. eingel. v. *Reinhard Körner OCD*, **Leipzig, 4. Aufl. 1997.** Über das innere Beten bei Teresa s. auch: **A. M. Obereder, Gespräche mit einem Freund. Das innere Gebet bei Teresa von Avila, Schmallenberg 1992.**

[37] Ebd.

[38] Ebd. 22, 7.

[39] Ebd. 25, 3.

[40] Ebd.

41 *Erika Lorenz*, **Das Vaterunser der Teresa von Avila. Anleitung zur Kontemplation, Freiburg-Basel-Wien 1987**, 21.

42 Leben (Libro de la Vida) 8, 5.

43 Die Aktualität Teresas von Avila im dt. Sprachraum heute, in: KARMELimpulse IV/1996 (16-21) 17.

44 *Jerónimo de la Madre de Dios (Gracián),* Obras, Madrid 1616, 175-191.

45 *Jerónimo de la Madre de Dios (Gracián),* La oración mental y sus partes y condiciones, in: Obras completas, Burgos 1932, Bd. I (333-372) 334.

46 Ebd.

47 Zunächst in Spanisch, in: *ders.*, Aprovechimiento espiritual, Valencia 1588.

48 Köln 1616.

49 Das innere Gebet, s. Anm. 7.

50 *Friedrich Wulf* verweist auf die Schriften des Kartäuserpriors *Guido d. J.*, "Scala claustrialum", und des Benediktinerabtes *Wilhelm von St. Thierry*, "Epistola ad fratres de monte Dei" (beide sind um 1145 entstanden), sowie auf eine Reihe weiterer Schriften aus beiden Orden bis ins ausgehende 16. Jahrhundert hinein; s. ebd. 385-388.

51 S. dazu ebd. 389.

52 AaO., bes. 836.

53 So z. B. in: Sermon pour le dimanche de la Passion, in: Œuvres (26 Bde.), éd. d'Annecy 1892 - 1932, Bd. 9, 61f.

54 Paris 1686.

55 Zt. n.: *Henri Bremond*, **Das wesentliche Gebet (La Métaphysique des Saints), Regensburg, 3. Aufl. 1954**, (161-183: Pater Louis Thomassin und das reine Gebet) 165.

56 S. Denz. 1254 (DS 2234): Verurteilt wird der Satz des Miguel de Molinos, daß es "keine entsprechende Übung für innerliche Seelen sei, mit Worten und mit der Zunge Gott Dank zu sagen".

57 In: Ettliche vortreffliche Traktätlein aus der geheimen Gottesgelehrtheit.

58 In: *Emmanuel Jungclaussen*, **Suche Gott in dir. Der Weg des inneren Schweigens nach einer vergessenen Meisterin, Jeanne-Marie Guyon, Freiburg-Basel-Wien 1986**, 47-120.

59 Ebd. 51.

60 Ebd.

[61] Ebd. 52f.

[62] S.: Les Mots de Sainte Therese de L'Enfant-Jesus ... Concordance générale, Éd. du CERF 1996, 574: Stichwort: oraison.

[63] Z.B. in: *Therese vom Kinde Jesus*, Selbst-biographische Schriften, übers. v. *Otto Iserland* u. *Cornelia Capol*, Einsiedeln, 12. Aufl. 1991, 69 (2 mal); vgl. Ms A 33v, 2 u. A 33v, 11 in der zum Jubi-läumsjahr herausgegebenen Neuausgabe ihrer Werke: Nouvelle Édition du Centenaire. Sainte Therese de L'Enfant-Jésus et de La Sainte-Face, Éd. du CERF 1992 (8 Bde.), Bd. 1: Manuscrits autobiographiques. Edition critique, 107. Vgl. dazu auch *André Combes*, Einführung in das Gei-stesleben der hl. Theresia vom Kinde Jesus, Trier 1951, 229, Anm. 1.

[64] Ebd. 69 (Ms A 33v, 2; aaO. 107).

[65] Ebd. 254f. (Ms C 25r, 22f.; aaO. 389f.).

[66] Basel 1953 - 1955, 3 Bde.; neu übersetzt u. in ein-bändiger Ausgabe: *Maria-Eugen Grialou*, Ich will Gott schauen. Weg des Getauften mit den Meistern des Karmel, Freiburg (Schweiz) 1993.

[67] Würzburg, 1. Aufl. 1949, 171-180.

[68] Freiburg i. Br. 1949, 265-284.

[69] AaO. 177.

[70] AaO. 265.

[71] Ebd. 266f.

[72] In: Geist und Leben 25 (1952), s. Anm. 7.

[73] In: Benediktinische Monatschrift 28 (1952) 210ff. u. 287ff.

[74] *Erich Puzik*, **Kleine Schule des inneren Betens, Leipzig 1966**.

[75] Ebd. 17 (Klammer daselbst).

[76] *Heinz Schürmann*, Geistliches Tun, Leipzig, 3. Aufl. 1985.

[77] Ebd. 96-107.

[78] *Ute Egner-Walter*, **Das innere Gebet der Madame Guyon, Münsterschwarzach 1989**.

[79] *Constantin Pohlmann*, **Gott spricht im Schwei-gen - Wege zum inneren Gebet, Freiburg-Basel-Wien 1990**.

[80] Vor allem in: Wort im Schweigen (s. Anm. 1), 37-70; siehe auch: *dies*., Das Vaterunser der Teresa von Avila (s. Anm. 33), 21-22.

[81] Wort im Schweigen, 39f.

82 Hg. v. *Christian Schütz*, Freiburg-Basel-Wien 1988.

83 Ausgenommen ebd. im Art.: Teresa von Avila (von *Ulrich Dobhan*).

84 Freiburg i. Br. 1951; Leipzig 1951.

85 Ebd. 134 (Kap. 70).

86 Bd. 1: Das Glaubensbekenntnis der Kirche, Verlagsgruppe engagement.

87 Ebd. 88f.

88 Leben aus dem Glauben, Verlagsgruppe engagement 1985.

89 Ebd. 182.

90 Deutsche Ausgabe: München 1993.

91 Ebd. 682 (Nr. 2721).

92 Ebd. 678 (Nr. 2704).

93 Nr. 2724, ebd. 682.

94 Ebd. 680 (Nr. 2710).

95 Ebd. 681 (Nr. 2717).

96 S. th. II II q. 83 a. 3.

97 AaO. 53.

98 Klostergründungen 5, 8.

99 Dt. Ausgabe: **Bruder Lorenz von der Auferstehung, Gesammelte Werke, Wien 1994,** s. 69-71.

100 Gesamtwerk in dt. Übersetzung beim Verlag Christl. Innerlichkeit, Wien; bisher erschienen: *Elisabeth von der Dreifaltigkeit OCD*, Der Himmel ist in mir. Gesammelte Werke, Bd. 1, Wien 1994.

101 Neuübersetzung des Gesamtwerkes in mehreren Bänden, übers. u. hg. v. Ulrich Dobhan OCD / Elisabeth Hense / Elisabeth Peeters OCD bei Herder, Freiburg-Basel-Wien; bisher erschienen: *Johannes vom Kreuz*, Die Dunkle Nacht (Bd. 1), Worte von Licht und Liebe (Bd. 2), Der Geistliche Gesang (Cantico A) (Bd. 3), Aufstieg zum Berg Karmel (Bd. 4), Freiburg-Basel-Wien, seit 1995.

102 S. Anm. 101.

Exerzitienkurse zum „inneren Beten" bei P. Reinhard Körner OCD

Das jeweilige Jahresprogramm erhalten Sie beim Karmelitenkloster St. Teresa / Gästehaus, 16547 Birkenwerder, Schützenstr. 12

Weitere Schriften des Autors:

- *Geistlich leben. Von der christlichen Art, Mensch zu sein*, Leipzig: Benno 1989 (2. Aufl. 1997)
- *„Liebst du mich?" - Impulse für eine Not-wendende Hirtenspiritualität*, Leipzig: Benno 1994 (2. Aufl. 1997)
- *Mystik konkret. Impulse aus dem Karmel für das geistliche Leben heute*, Leipzig: Benno 1996 (2. Aufl. 1998)
- *Wer bist du, Jesus? - Einübung in die Kernfrage des christlichen Glaubens*, Leipzig: Benno 1998
- *„Bleib nicht zurück am Ufer ..." - Einladung zum Leben mit dem dreieinigen Gott*, Leipzig: Benno 1998
- *KARMELimpulse. Quartalsschrift zur Vertiefung des geistlichen Lebens, hg. v. Provinzialat des Teresianischen Karmel in Deutschland, seit 1990*, zu beziehen über: Karmel St. Teresa, Schützenstr. 12, 16547 Birkenwerder.

MÜNSTERSCHWARZACHER KLEINSCHRIFTEN
Schriften zum geistlichen Leben

ISSN 0171-6360

VIER-TÜRME-VERLAG
D-97359 Münsterschwarzach Abtei
Telefon 0 93 24/20-2 92 · Telefax 0 93 24/20-4 95